ブックドクターあきひろの
絵本の力《ちから》がわが子を伸ばす!
BOOK DOCTOR
TATS
EHON
ブックドクターあきひろ
RUKUN
GAIKOTSU
SAKANA
BOOK DOCTOR AKIHIRO

はじめに

子どもは、生まれながらにして、すばらしいものを授かっています。

それは、豊かな感受性や、するどい感性です。

大人ではけっして思いつかない、独創的な発言や行動に、スゴイ！　と感じて、そんな才能をもっと伸ばしてあげられないかしら？　と考える人は少なくないでしょう。

ようこそ、ブックドクターあきひろの世界へ――。

ぼくの本業は「ブックドクター」といって、悩みをかかえる人たちの心に、絵本などの書物をつかって、元気の素《もと》をあたえることである。

一年のほとんどは、全国津々浦々、幼稚園や小学校の子どもたちを前に、絵本を読む。

元気な子、やんちゃな子、礼儀ただしい子、おとなしい子など、いろんな子どもたちと出逢《であ》うが、どんな子も絵本を前にすると、〝目〟が変わる。

ページをめくっていくと、それまでの目は、キラキラ光る〝眼《め》〟になる。

心に響くページにさしかかると、その眼は、力のはいった〝瞳《め》〟となる。

そして絵本を読み終えたときには、輝くばかりの、たくましい瞳《め》となっている。

ぼくは、この瞳《め》を見るのが大好きである。

大人になるまで、それとも、大人になってから、どんなにつらいことがあっても、その瞳《め》の輝きさえ忘れなければ、「君は、だいじょうぶ」と想《おも》わずにはいられない。

瞳《め》は心の窓というが、子どもたちは絵本を前にすると、心の窓を開けることができる。絵本には、ほんとうにすごいパワーがある。

ぼくみたいなガラガラ声のオッサンが読むだけでも、子どもたちの目がキラキラするのだから、だれよりもわが子を愛するお母さんやお父さんが絵本を読んであげれば、どんな奇跡がおこっても、不思議はない。

本書では、そのように成《な》っていく事例を、いくつか紹介しました。

わが子の感性や感受性の芽をつむことなく、さらに大きくなってもらうには、どんな絵本を読んであげたらいいの？　そんなご質問にも、具体的にこたえさせてもらいました。

「絵本がいいとは分かっているんだけど、〝読み聞かせ〟と言われると、ちょっと……」

わが子を想っていても、そんな感じで絵本に抵抗のあるお母さん・お父さんにも、ブックドクターとして、大切なことを伝えられたらと念《おも》い、乱筆乱文ながら筆をとりました。

そのような方をはじめ、みなさんの心の窓に、どこか一ページ、いや、どこか一行ででも、心地よい風をおくることができたなら、幸せに存じます。

ブックドクター　あきひろ

ブックドクターあきひろの　絵本の力《ちから》がわが子を伸ばす！　もくじ

第3章　この絵本を読んで、心のスイッチをいれよう　45

【Q&A—児童編Ⅰ】

第4章 小さな個性を伸ばすために、読みたい絵本 69

【Q&A－幼児編】

第5章　優しさとたくましさを育むために、読みたい絵本　99

【Q&A―児童編Ⅱ】

第6章 【Q&A―両親編】ママやパパがこんなときは、どんな絵本がいいの？ 127

第1章

誰にだって手に入る、絵本の〝魔法の力〟

絵本は、神様や仏様からいただく
天界の書物のようなものである。
ひらがなの文章に、
絵がついた書物で、
これ以上のわかりやすさはなく、
未来永劫、読みつづけられる可能性を
秘めた書物は他にない。

◎わが子の心のスイッチ

子どもにはもともと集中力がある。

いったん「ん⁉　なんやこれは？」と楽しそうなものを見つけると、まわりが見えなくなるほど、ひとつのことに集中する。それは、どんな子も一緒だ。

その集中力を勉強にいかしてほしいと世の親御《おやご》さんたちは頭を悩ませるのだが、子どもの集中力はある意味、精度がいいようにできている。

これはどういうことかというと、つらいもの、がまんしなければならないものなど、自分の心にちょっとでも負荷がかかるものを前にすると、とたんにスイッチが入らない仕組みになっている。

ということは、そもそも勉強には、それだけのパワーがないってことよ。

じゃあ、何ならスイッチが入るのか？

答えは簡単。楽しそうなもの、うまそうなもの、さわったことのないものなど、好奇心を満たすもので、心に負荷がかからないものなら、いともたやすくスイッチが入る。

そのひとつを、ほんの身近なところであげると、何か。

それは、カードゲームやテレビゲームなどがあてはまるのだろうが、どんな子のスイッチもいれてくれるのは〝自然〟である。自然は、ただ一定のルールを見せてくれるだけだからである。春がくれば夏、その次は秋、次は冬、そしてまた春というルールを……。

自然はけっして「あれをしなさい」「これをしなさい」と世の親たちのように口やかましく言わないし、「それはダメ」「これはダメ」としばりつけることもない。

そして実際、子どもたちが自然を察知する能力は、われわれ大人たちの予想をはるかに越えた優れものである。ここではその一端をお見せしよう。

◎絵をちょっと見るだけで…

ある保育園に呼ばれたときのことだ。その日は、2月の連休明けで、めちゃくちゃ寒い日だった。

2冊の絵本を読んであげたら、子どもたちが「ごきげんさん」の表情をくれたので、ぼくはいい気持ちこの上ない。

そこで3冊目は、文字どおり『ああ　いいきもち』(五味太郎・著　教育画劇)という絵本を読んだ。

「みんなに『ああ　いいきもち』を読ませてもろたから、オッサンもええきもちやわぁ」

読み終えて、そう言ったときだった。

※本のサイズについては、タテ横どちらかがA5判（21センチ）以上の場合は「ボディーサイズ」（Book-Size:Body）、そうでない場合は「手のひらサイズ」（Book-Size:Hand）と表す。
なお、定価については税込表示とする。

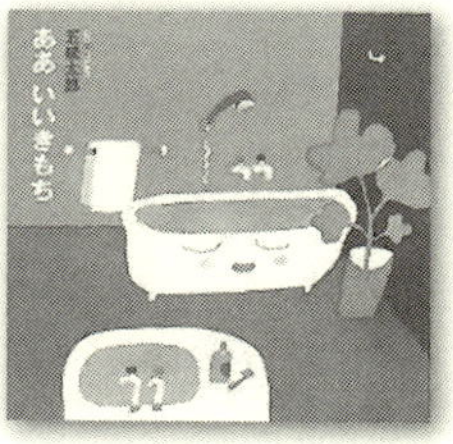

『ああ いいきもち』
ISBN978-4774610665
Book-Size:Hand ¥1,050
人間だけじゃないよ、ご機嫌さんの表情は

前の方に座っていた男の子が、「ぼくも、きもちよかったぁ。だって、いろんなキシェチュがあったもん」と言った。

「ん!? キシェチュって、季節のこと? この本のどこにもキシェチュはないでぇ」

そう返すと、その子は前にずかずかと出てきて、絵本をめくりだした。

まずは5ページ目の青空を指さして言う。

「これはナチュ（夏）やろ」

さらにめくって13ページ、「ここにこいのぼりがあるから、ハリュ（春）やろ」

19ページ、「これはナチュッて、ひかげくんが言うてたー」

21ページのお月さんの下のススキを指さして、「これは十五夜の月やから、アキやろ」

そして、最後のページのダンロの火を指さして、「これは、じぇったい、今日みたいな寒い日のフユやん」

この絵本の中で四季に関する言葉が出てきたのは、19ページの「ひかげくん」だけだ。この男の子は、ページの片すみにある絵をちょいと見ただけで、四季を感じとったのである。

子どもではなく大人を前にしても、この絵本を何千何百回と読んできたが、ただの一度も〝四季〟をアピールした大人はいない。

そもそも子どもは、皮膚という皮膚から自然を吸いとっていく。当然、なにげなく絵本の中に折りこまれた自然も、目や耳から瞬時に察知する。

これまで日本中で絵本を読んできたが、子どもたちの自然をとらえる能力には舌をまくばかりである。

◎大切なヒントがいっぱい！

絵本は天界の書物である。

つまり、絵本はけっして子どもたちに向かって、「あれをしなさい」「それはダメ」と強要することはない。

まるで自然が子どもたちに四季のルールを見せて、健全な方向へといざなってくれるように、絵本はひらがなと絵で構成された単純明快なストーリーで、子どもたちを健全な方向へといざなってくれる。

だからこそ、真冬のめちゃくちゃ寒い日に真夏を感じさせる絵本を読んだり、秋にやきいもを食べながら、桜が舞い散る絵本を読んでも、子どもたちはその場でしっかりと四季を味わう。

『なつはぐんぐん』
ISBN978-4097278429
Book-Size:Body
¥1,260

『あきはいろいろ』
ISBN978-4097278436
Book-Size:Body
¥1,260

『ふゆはふわふわ』
ISBN978-4097278443
Book-Size:Body　¥1,260
ふわふわの雪の日は、お外で遊ぼうね

それは、落ち着きがなかったり、突飛《とっぴ》な行動に出たり、かたく心を閉ざしているような子に対しても、けっして強いることなく、やんわりと心のスイッチをいれてくれる。

そのような〝絵本の力〟は、子どもだけではなく、大人たちにも働きかける。

常識でこり固まった頭をほぐし、心を和らげてくれる。まるで困ったことすべてを解消してくれるかのように「こうすればいいんだよ！」と、絵と文章でわかりやすくヒントを見せてくれる。

もしも、みなさんが粗相《そそう》をやらかしたわが子に対してカッとなったら、まずは冷静になって、絵本の力を思いおこしてほしい。

カッとなったままの親の言葉は、それが子どもに大切なことを教える言葉であっても説得力に欠けるが、絵本の中の同じ言葉は、大切なことを静かに告げるかのようにして説得力を生むのだから……。

親としては、そのような〝魔法の力〟を借りて、わが子を教え諭《さと》してほしいのである。

なお、前節で紹介した『ああ　いいきもち』の著者、五味太郎氏はこんな絵本も出しているので、よろしければ、親子一緒に自然を味わってみてほしい。

きせつのえほんシリーズ『ふゆはふわふわ』『あきはいろいろ』『なつはぐんぐん』『はるはゆらゆら』（以上、小学館）。

『はるはゆらゆら』
ISBN978-4097278412
Book-Size:Body
¥1,260

次章では、わが子の悩ましい面を解消するために、具体的にどのような方法で絵本の力を借りてアプローチすればよいのか、述べたいと思う。

第2章

絵本の〝ぬくもり効果〟で、びっくりするほど成長！

絵本の手、に心を触《さわ》られると、
どんな子の心も、
ギュッとにぎられたり、
なでられたり、
あったためてもらったり、
キズ口にお薬をぬってもらって、
心のマッサージを受けた感じになる。

【ぬくもり効果　その1】

人見知りのきつい子が、しっかり声が出るように…

◎外でもちゃんとした子であってほしい

ブックドクターとして、日本中の子どもたちに絵本を読ませてもらい、さらに、保護者の前で講演をする。そんな旅ガラスの日々を送っている中、講演が終わると、きまって、そっと質問をしてこられる保護者の方がいる。

この章では、そんな質問の中から、とくによく聞かれるものをとりあげたい。

まずは、ここ2、3年でやけに目立ってきたのが、次のようなクエスチョンだ。

「ウチんとこは一人っ子娘なんですけど、なかなか初対面の友だちにとけこんでいけなくて……。よそんちの子みたいに遊びに出かけないんです」

「ウチの息子は、担任の先生が言うには、一年生のときから大人と目を合わせて話せてないらしいんです。家にいるときは、わたしやダンナとは、ちゃんと目を見て話してるもんやから、気がつかなかったんですけど……」

つまり、人見知りをする内向的な性格を何とかしたいというのである。

こんなときは、まず母親にたずねることがある。それは、「お母さんは、家と外では、怒り方がちがっていませんか?」というものだ。

「お子さんが何かをやらかすと、いきなり『ダメ!』って大きい声で怒りますよね。でも外では、人目を気にして『ダメ、ダメ、もうっ……』って、多少なりとも声をしぼって怒ってませんか?」

すると、ほとんどの母親は、それまでぼくと目が合っていたのに、「ええ、まあ……」と言いながら、目をそらす。この一連の動作を本人に説明してから、

「いまのお母さんの素ぶり、お子さんと似てませんか?」

とたずねる。母親はハッとした表情をするので、やんわりと、

「お子さんは、お母さんのそういう素ぶりをちゃんと見て吸収した結果、人見知りがだんだんキツくなっていったと思います」

と言う。このたぐいの質問をする母親を見ていて思うことは、「外でも、ちゃんとした子であってほしい」と強く願う傾向がある。

そう思うばかりで、家の中で見せる子どもの言動や表情に無頓着《むとんちゃく》になっている場合が多い。その結果、わが子のウチづらと外づらにちがいがあると気がつかないのである。

だけど、たまたま担任の先生や近所の人から遠まわしな言い方で教えてもらった。または、買い物先で、よその母親とバッタリ会って「あいさつは？」と言ったにもかかわらず、いつもと様子が違っていた。このときはじめて、わが子にそんな一面があったのかとビックリして、急に不安にかられるのだろう。

◎ママが気にいった絵本を読もう

次にぼくは、こうたずねる。

「ふだん、お母さんは、どんな絵本を読んであげていますか？」

すると、ほとんどの場合、読んでいないことが一目でわかる。だって、そういう母親は独特のもじもじしたしぐさを見せるから……。そこで、話は多少長くなるが、こう言う。

「わかりました。じゃあ、近いうちに、とにかく今日ぼくが講演中に読んだ絵本の中で、お母さんの印象に残ったものを、こう言ってから読んであげてください。

『お母さんもねぇ、あのおっさんの話、聞いたでしょ。そのとき、お母さんたちにもいくつか絵本を読んでくれたんだけど、お母さん、この絵本がいちばん気にいったのね。それで、よかったら、ごはんを食べたあとにでも読もうと思うんだけど、聞いてくれる？』

こんなことを続けていたら、そのうち、お子さんが『今度は、ぼくが読んであげるよ』

って、自主的に絵本を読んでくれますから。そうすると、外でも声が出るようになったり、あいさつしたり、だれとでも目を合わせて話せるようになりますから……」

つまり、まずは、たった一冊でいいので、自分が気にいった絵本をわが子に読んであげてほしいのである。そして、絵本のページをめくるたびに見せるさまざまな表情を、親として知ってほしい。きっと、こんないろんな表情があったのか、と驚くはずである。

実際、父親としてのぼくがそうだった。絵本を読んだおかげで、それまで知っていたわが子の表情は、ほんのわずかだったと気がついた。

でも、もしもそのような機会がなかったら、ほんのわずかな表情をわが子のすべてと思いこんで、父親をやっていただろう。たくさんの絵本を読んだおかげで、こうやって旅をして離れていても、わが子はもちろん、日本中の仲よくなった子どもたちが、今ごろどんな表情をして、何をしているのか、だいたいの察しがつく大人になれた。

最後に母親には、こう言ってしめくくっている。

「ぜひとも、お母さんも今日絵本にふれる縁があったんやから、お子さんが外に行っても、家の中で手にとるように、わが子の表情がうかぶほどのおかんになってあげてください。絵本には、そういう母と子を結ぶ効力《パワー》があるんで、わが子のためだけではなくて、お母さん自身のためにも読んでみてくださいね」と。

【ぬくもり効果　その2】
ヤンチャな子が、思いやりを大切にするように…

◎おかんのなまけ心

さらに、よく聞かれるのが、悪ガキタイプに関する質問である。

「とにかく、うちんとこはヤンチャで世話がやけます」

「弟や妹をよくいじめるんです」

「イタズラばかりして、あたしをよく怒らすんです。でも、ぜんぜん懲りてないんです」

「ガキ大将なんです。手がかかってしょうがありません」

「うちは兄弟なんですが、下のチビが、とにかくジッとしてない子で、な〜んにも聞きゃあしない。きつく怒ったら、それなりにしょんぼりしてるけど、次の日には、またやらかして。それにズル賢くて……。あきひろさん、こんなドラ息子に、何か良い絵本はないでしょうか?」

と、まぁ数えあげたらきりがない。

今でこそ保護者の前ではエラソーに講演なんぞをしているが、かつてはヤンチャ坊主を通りこしてクソガキやった(笑)。そんなぼくが思うには、実はこれらの質問をする母親は、ダンナと息子に対して、同じような怒り方をしている。子どもの前でダンナを怒るときと、わが子自身を怒るときの様子がちっとも変わらないのである。

　ヤンチャ坊主、悪ガキタイプの息子は、人一倍感性が鋭く、家の中での母親のふるまいひとつひとつを、それはもうダンナの何十倍もよく見ている。そして、おかんが気をぬく時間帯、なまけているとき、はたまた、ズルをするとき、約束を守らなかったときの言い訳のしかたなど、それはそれは恐ろしいほど的確に、頭の中にインプットしている。

　息子のことを、手がかかる、目にあまると、あきれはてている母親は、そのことにまったく気がついていない。

　母親といっても人間だから、早く家事を終わらせてゆっくりしたい、休みたいと思うのも無理はない。ただ問題なのは、そういう自分の心の中をしっかり見つめたことが少ないために、息子がワルさをするたびによけいに反応して、とっととすませたいオーラを放つことである。また、ふだんから何かにつけて「早く、早く」と息子を急《せ》きたてるなど、常にリビングでゆっくり休みたいオーラを放っているのである。

　それを、ヤンチャ坊主、悪ガキタイプの息子たちは、敏感にキャッチする。おかんのなまけ心を見逃さないという感性ができあがったのである。

◎木の上には何があんのかなぁ？

では、そういう息子の心の中をひもといてみよう。

ふだんから、早く早くと急かされるために、おしまいまで、つまり、事《こと》の結果をキチンと見るほどの体験をしないために、多くの体験が未解決・保留となって、小さな心がパンパンになるまで貯金される。

そして、ひとりで外へ出かけたとき、「あのつづきをやってみよう」とか、「ん!? あれはなんやろう?」とか、はたまた、「あの高い木の上には何があんのかなぁ?」「このちっぽけな小屋の中には、何が入ってんのかなぁ?」などと、結果を知りたい欲望にかられて実行に移す。いっきに結果知らずの貯金をおろすのである。

つまり、ヤンチャ坊主は無意識のうちに自分の心が壊れないよう、欲求不満にならないように行動をとるのである。

よく考えてほしい。幼ない子が大人のように目標をかかげて、「ヤンチャ坊主になろう」とか「悪ガキになろう」とするだろうか。もしそう思ったとしても、それをなしとげるような意志の強さをもち続けるだろうか。

どちらも、死者が生き返ることがないに等しく、ありえない！

ヤンチャ坊主、悪ガキ、ガキ大将というイメージは、ひとつの結末を見ようとした罪の意識のない子どもたちの行動が、結果的に、良くないこと、悪いこと、信じられないことのほうに目が出たために、作り上げられるのである。

ここで、誤解のないように言っておきたい。

ヤンチャ坊主にも、ふたつのタイプがある。

ひとつは、結果としてワルとなる行動が重なったために、まわりの大人たちがイメージとして作り上げたヤンチャ坊主。

もうひとつは、大人たちがよってたかって、まわりの子どもたちから遠ざけよう、できればどこかよその地区へ行ってもらおうと思って、ワルのレッテルを張るヤンチャ坊主。

このふたつのタイプは、はっきりと違いを見せる。前者のヤンチャ坊主は明るさを損なわない。だが、後者のヤンチャ坊主は、まわりの大人たちの目つきや雰囲気によって〝明朗性〟の芽をつみとられる。そうなると、このヤンチャ坊主は暗い方の道しか歩めない気持ちになり、だんだんと〝悪〟に身を染めざるを得なくなる。

◎愛おしいときに

ヤンチャ坊主にほとほと手をやいている母親たちは、せめて家の中では、その子の明るさが損なわれないように見守ってあげてほしい。

そうなるために、ぜひともわが子に絵本を読んであげてほしいのだが、その効果をいっそう高めるためには、ある条件のもとで読んでほしい。ぼくはこう言っている。

「いいですか、お母さん。かならず、この条件を守って読んであげてください。それは、母として、わが子を〝愛《いと》おしい〟と思ったときに、一発目を読んでください。お母さんが気にいった絵本なら、何でもかまいません。つまってもいいし、スラスラ読めなくてもいいんです。とにかく心をこめて読んであげてください。

愛おしさは、お母さんの心のあり方しだいなので、いつやって来るか、ぼくにはわかりません。今日、家にもどったら、すでにやらかしていて、しかったとします。で、夕食のしたくをする間、『そこでジッと反省してなさい』と言ったとします。夕食を作ってしばらくしてから、様子を見にいったら、グッスリ寝ていて、目じりには涙を流した跡があった。その寝顔を見て、『愛おしいなぁ』と感じるかもしれません……」

これは、あくまで例えのひとつにすぎないが、いつも手をやかされているわが子の何気ない言動に対して、愛おしいなぁと思ったときに、絵本を読んであげてほしいのである。けっして頭でその瞬間を見つけようとか、いまかいまかと待ちかまえて、ちょっとでもそう感じたからといって読む必要はない。

これら一連の作業は、母親自身の心の中をしっかりと見つめる作業でもあるからだ。

ぼくは、こう続ける。

「いいですか、もう一度言います。母として、心の底から愛おしいと思ったとき、つまり、わが子を見てお母さんの心がふるわされたときのみに、絵本を読んであげてください。

それまでは、いつもと変わらない、何の気どりもないお母さんでいてあげてください。

ふっと愛おしさを感じたら、洗いものなどの家事をさっさと終わらせて、そっと絵本を持って、『これ、読ませてもらっていい？』とか言いながら、わが子のそばに行ってあげたらええんとちゃうかなぁ。そして、親子で、その絵本の世界を味わってくださいな。今までの母と息子では味わえなかった、何ともいえやん、めっちゃええ体験をするから……」

◎これらの絵本でヤンチャな心をつつむ

読んであげる絵本は、先に述べた条件を守れば、母親自身がジーンとしたり、気にいったものであれば何でもよいのだが、これまで全国の親子たちに向けて紹介した絵本の中で、とくに反響のあったものを紹介しよう。

まずは、『おかあさん、げんきですか。』（後藤竜二・作　武田美穂・絵　ポプラ社）。

この絵本は、ある記念日に向けて、小学4年生の男の子が母親に手紙を書くという内容で、そこには大人顔負け(⁉)の言い分がいっぱい。

『山んばあさんとむじな』
ISBN978-4198605957
Book-Size:Body
¥1,470

『おかあさん、げんきですか。』
ISBN978-4591092101
Book-Size:Body
¥1,155

これだけでも、ヤンチャ坊主は共感するのだが、最後のページの「おかあさん」の表情を見たときに、もっとも心がなごむと思う。

おつぎは、「山んばあさんとむじな」(いとうじゅんいち著　徳間書店)である。

この絵本の主人公は、村一番の長老のある忠告に耳を貸さない悪ガキ4人組である。

どんなに気の強い子でも、この絵本の話を聞いていると、表情がめまぐるしく変わるので、その様子を見守るだけでも新しい発見があるかもしれない。

さらに部屋を明るくして読むのと、暗くして読むのとでは、ヤンチャ坊主の様子は一変(⁉)するので、親としては、そのことをこっそり把握しておくと、ええんと

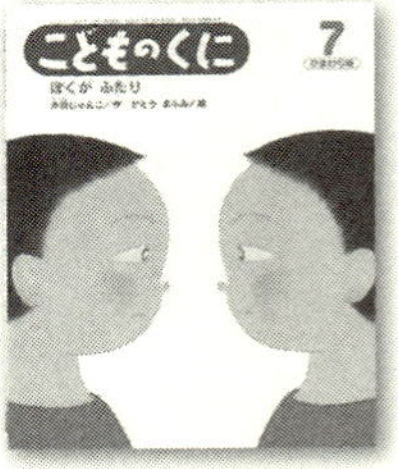

『ぼくがふたり』
月刊絵本 こどものくに ひまわり版
2006年7月号（鈴木出版）より
※図書館に親子で出かけて探して
ほしい

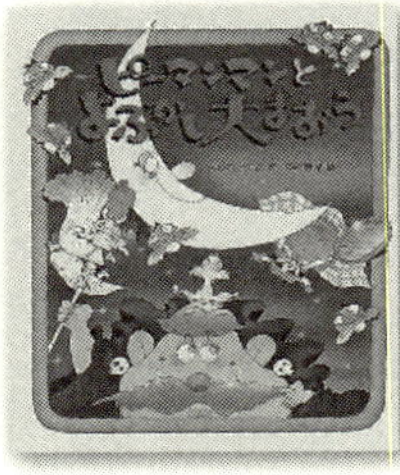

『ピーマンマンとよふかし大まおう』
ISBN978-4265034529
Book-Size:Body
¥1,365

ちゃうかなぁ。

次は、保育園・幼稚園で根強い人気の『ピーマンマン』シリーズの中から、『ピーマンマンとよふかし大まおう』（さくらともこ作　中村景児・絵　岩崎書店）である。

これは、ヤンチャ坊主にかぎらず、夜おそくまでインターネットやメールをしたり、テレビを見つづける子どもには、もってこいの絵本である。

寝る前にかぎらず、昼間に目をトロンとさせているときに読んであげるのもいい。

大なり小なり気持ちがピリッとするだろう。

おつぎは、『月刊絵本　こどものくに　ひまわり版』（2006年7月号　鈴木出版）に掲載された『ぼくがふたり』（赤羽じゅんこ作　かとうまふみ絵）である。

この絵本はタイトルのとおり、ふたりの自分が登場する。おそらくわが子は、自分みたいなヤツがもうひとり現われたら、イヤだと感じるだろう。そう感じながらも、ヤンチャをしているときの自分の姿に重なるからか、それとも、心の中にいる〝もうひとりの自分〟に重なるからか、なさけ心というものが存在している自分に、はっきりと気がつくだろう。

最後に紹介するのは、**『おこりんぼ』**（そうまこうへい著　フレーベル館）である。

この絵本は、主人公ぶんぺいの絵本シリーズのひとつであり、他には『なかよし』『なみだ』『おとうさん』『たんじょうび』『かぜ』と5巻分が出ている。

ぶんぺいは元気な男の子で、おかあさんに対して、ある疑問をもつ。ふだんは言うに言えない心内《こころうち》をぶんぺいに代弁してもらったうれしさで、ヤンチャ坊主のモヤモヤとした気分は吹っ飛んでしまうにちがいない。

この絵本の中には、作者が抱く子どもたち、そして家族への思いやりがふんだんにつまっている。そのことを、鋭い感性をもつ子どもたちならば、すぐに感じとってしまうだろう。

『おこりんぼ』
ISBN978-4577017036
Book-Size:Hand
¥866

ヤンチャ坊主たちは、自分に正直だから、心の中の動きに対して、すぐに体が反応する。だから、母親が口やかましく言ったり、細かいことまでよけいな気配りをするようになったら、ますます気がめいって、ちぢこまる。すると、内面的な発想がエスカレートして、残酷なことをしでかしても不思議はない。

彼らを健全な方向へと導くには、親としては、がまん強さが大切である。その子の明るさが失われないように見守りつづけるという姿勢を保ち、何か粗相《そそう》をやらかしたときには叱りつけるという感じで接するよりも、さとすように言うのがベターだと思う。

もともと感性が鋭いから、絵本を読んであげれば、「もうひとりの自分＝良心」を見つめるのがだんだんと上手になって、元々の正直さが生きる。何年かたったら、同級生たちから頼りにされ、思いやりのある、ええ男になるやろうな。

ヤンチャ坊主を授かったお母さんたちは、たしかに今はしんどいだろうけど、将来は、ええパパになってくれますから……。今から楽しみにしてくださいな（笑）。

【ぬくもり効果　その3】

いじめっ子・いじめられっ子は、心をひらくように…

◎気にいらない子がいたら…

保護者会やＰＴＡなど教育関連の講師で呼ばれたときに、これまた多いのがイジメに関する質問である。

「うちんとこは気が弱くて、よくいじめられて帰ってくるんですが……」

「小５になる息子なんですが、よそのお母さんらの話を聞くと、どうもいじめっ子のようなんです。家ではまったくそんな感じがしないんですが……。友だちをいじめたってことを正直に打ち明けてくれるような、そんな内容の絵本はありませんか？」

「娘のクラスで、イジメがあるようで……。いじめられっ子とは仲がいいので、なんとか助けてあげたいんだけど……。かといって、『あたしも、いじめられそうで、おっかない！』って悩んでるんですけど……」

など、ありとあらゆる質問がある。

そもそも、なぜイジメがあるのかというと、いじめっ子といじめられっ子がいるからである。いじめられっ子になる原因については、「気が弱い」「おくびょう」などの理由があるのだろうが（そういう子の気持ちについては他の章で述べるので、ここでは割愛する）、それに対して、いじめっ子になる原因とは何か。

それは、さもしい心（下品で、いやしい心。心がきれいでない状態）が宿っているからである。

さもしい心になる原因のひとつについては、幼ないときに腹の底から大笑いした体験が乏しい場合が多い。これは、どんな種子もか細い芽しか出さないような、成長するための養分（笑い声）が不足している土地で、土壌（心）が弱くなったようなものである。

心が弱いと、自制心というものがやせ細り、がまんが利かない。自分でやめたいと思いつつも、なかなかやめられなかったりして、気持ちをコントロールできず、イライラする。

こんな状態の子は、ちょっとでも自分の気にいらない子に出くわしたら、その子に目がいく。そして、その子が嫌がることを考えつき、実行する。

上履きをかくすとか、休み時間の黒板に嫌がることを落書きするなどの腹いせをしてスカッとした気分になる。これが〝いじめっ子〟になっていく初期の心模様である。

◎大人はイジメを見ぬけない！

黒板に落書きされた子がすぐに、「これを書いたのはだれや！」と吠《ほ》えるぐらい気が強くても、いじめっ子は名のりをあげるわけがない。

だが、気が強いのにくわえて、人一倍観察力がある子は、吠えたあとの一瞬、多くの目がチラッとどこを見たのか、その素ぶりを見逃さない。だれが犯人なのかを的確に見ぬいて、一目散にいじめっ子めがけて、飛びかかっていく。

当然、とっくみ合いのケンカになるだろう。そして、バタバタしているときに、担任の先生が教室に入ってきて、放課後に、ふたり残されて、事情を聞かれる。

こうなると、いじめっ子が何年も同じあやまちをすることを防げる場合が多いし、とっくみ合いをしたもの同士は、お互い先生にみっちりしぼられたのがきっかけとなって、友だちになる。まさに子どものケンカは縁結びである。

でも今の時代、幼ないころから、友だちに手をあげるのはめちゃくちゃ悪いことや！と教わってきたため、とっくみ合いのケンカはめっきり減った。なにもケンカをすすめるわけではないけど、口では言えない感情と感情がからだを通してぶつかり合うから、友情というものが芽ばえるのである。

そういうケンカができない子どもたちは、どうなるか。

手をあげられないがために、小ずるい発想や悪知恵を利かせた、頭をつかったケンカをするようになる。つまり、大人顔負けの心理戦をくり広げるようになって、先生や親の目が行き届かない死角を利用するのである。

子どもというものは、たとえばアニメやマンガ、ゲームソフト、さらに大人向けのドラマまでヒネったり組み合わせたりして、新しいものを作りだす。それで満足したら、ためらいもなく捨てて、また新しいものに飛びつく。大人が生み出したものを利用しながら、大人の目を盗んでは、型にはめられないように、子どもの社会を作るのである。

そんな頭のやわらかい子どもたちに、それこそ〝頭脳戦〟をくり広げられたら、頭のカタい大人たちはひとたまりもない。ひとたまりもないということは当然、対処の仕方がわからないから、子どもたちのやり方がどんどん陰湿に見えてくる。

いまとなっては、既成の価値観にしばられない感性や洞察力がないと、子どものケンカやイジメを見ぬけない。そうなると、「親と子」「先生と生徒」という大人と子どもをつなぐ線《ライン》は、ますますギクシャクするだろう。

しかし、こんなときこそ、絵本の力を借りてほしい。

一冊の絵本さえ目にすれば、子どもも、親も、先生も、何の抵抗もなく、感情をふるわされる。その感動を共有することによって、それまでギクシャクしていた線《ライン》はいともかんたんにつながる。それこそ、絵本による〝ぬくもり効果〟である。

ぼくは、こう思うことが、しょっちゅうある。

われわれの心は、絵本の手にさわられているんじゃないか、と。

それぞれの絵本には、その絵本にしか宿っていない手がある。それは、神様の手、仏様の手、仙人の手など、まさに神がかり的な手である。

一冊の絵本を読んであげると、いじめっ子の心も、いじめられっ子の心も、絵本の手にさわられる。それはなにも子どもにかぎらず、子育てにイライラしているお母さんの心も、仕事でクタクタになったお父さんの心も、いろんな問題を抱えて頭を悩ませている先生の心も、絵本の手にやさしくなでられて、心がマッサージを受けた感じになる。

◎教室に笑顔の花が咲く絵本

一冊の絵本を紹介しよう。

『あのときすきになったよ』（薫くみこ・作　飯野和好・絵　教育画劇）。

この絵本の主人公は、小学校に通うふたりの女の子で、親や先生の目の行き届かないところで気が弱い子をいじめてる男の子にも、大人の前ではいい子だけれど陰でイジメをするような知能犯的な女の子の心にも効《き》く。

ページをめくっていくと、ふたりの女の子がだんだんと仲良くなっていく様子が描かれているが、はじめの方では、いじめる側の女の子の呟《つぶや》きがある。これは、いじめっ子、い

『あのときすきになったよ』
ISBN978-4774604299
Book-Size:Body
¥1,260

じめられっ子のかたく閉ざした心を、痛痒《いたがゆ》くも刺激して、もみほぐしてくれる場面である。

この絵本を、とある小学校の5年生、総勢１０２名（全３クラス）の前で読んだことがある。

読み終えてから、こう言った。

「5年生になってから、いや、それよりもっと前から、いじめてる子や、いじめられてる子が、みんなの中におるかもしれん。でも、ほんまはどっちが強いんやろなぁ？　ひょっとしたら、いじめっ子がいじめられっ子をいじめてる強さより、いじめられっ子がイジメに堪《た》えながら毎日学校へ通ってる強さのほうが、何十倍何百倍もすごいかもしれん。まして、その姿をだまって見てる子たちは、いじめられてる子のほうが自分たちよりも何千倍何万倍も強いんとちゃうかって、すでに感じてるかもしれん。

まぁ、オッサンが願うんは、どうせ強さを求めるんなら、この絵本の女の子たちみたいに、たった一言『ごめん』って言える強さとか、たとえみんなには気づいてもらえなくても、ひとりの友だちのピンチを救うような、あったかい強さを求めてほしいなぁ」

すると、ひとりの男の子がこう返した。

「ムカつくヤツを、みんなに好かれるように治してやってんだょ」

3分の1ぐらいの子どもが笑ったので、ぼくは言った。

「今、だれが言うたかわからんけど、笑った子のほうがだいぶ少なかったようやなぁ。ちゅうことは、みんなに好かれるように治してやれてないってことや。いま言うた子は、学年の全員が笑ってしまうようにしないかぎり、ムカつく子がみんなに好かれるように治してやれやん。ただのタチの悪いイジメになり下がるままや。

そんなヤツは、中学生になると、不思議なことにイヤッちゅうほど先輩からいじめられるようになるんよなぁ、これが。もし中学時代でなくても、高校のときか、そうでなかったら大学のときか、いや、社会人になってからかもしれんなぁ。小学校のときにいじめぬいた期間が5年なら、イヤな思いをする日々が5年はつづくやろなぁ。これが〝人生のめぐり合わせ〟っちゅうもんや。

ほんで、もし、この中にいじめられてる子がいたら、その子は、大人になってイヤなことがあっても、小学校のときいじめられてたことを思い出せば、『こんなもん、へェーみたいなもんや』ってなるやろなぁ。で、気がついたら、いつのまにか有名なスポーツ選手とか作家とか、芸人になってるかもしれん。ほんま、芸能界とかで活躍してる人たちは、社会に出るまで、いじめられた経験をもってる人が多いんよ。

どっちの〝めぐり合わせ〟をもらうかは、キミらしだいやがな。オッサンの言ってることがようわからん子は、図書室に行って、この絵本を読んだりしてみぃーな。かならず、わかってくるから」

もう何も言う子はいなかった。

後日、学年主任の先生からお礼の手紙がきた。

——あれ以来、どのクラスでも授業中に笑顔が増えました。たとえ、いじめられっ子が発言しても、失笑したり、チャチャを入れる小言がなくなりました。帰りの会でもクラス中で笑うことが多くなりました。絵本って、ほんとにスゴイですね——

この『あのときすきになったよ』を目にした人は、何の抵抗もなく、絵本の両手に心をつつまれるだろう。ぜひとも家族全員で、ときにはクラス全員で、その〝ぬくもり〟を味わってほしい。

◎校内一番の悪ガキが感動した絵本

もう一冊紹介させてもらおう。

『どんなかんじかなあ』（中山千夏・文　和田誠・絵　自由国民社）。

この絵本の主人公は、いろんなことについて「どんなかんじかなあ」と想いをめぐらせる男の子。あるハンデを背負った女の子を目にしたら、実際にその子のようになって行動してみる。そういう主人公のまっすぐな気持ちにも胸をうたれるけど、衝撃的な結末があって、この絵本が子どもたちの心にもたらすものはほんとうに幅が広い。

いじめっ子、いじめられっ子にかぎらず、内気な子、逆に元気がよすぎる子、さらに、カンシャクをおこしやすい子、そわそわして落ち着きがない子など、それはそれはもう「えっ、こんな子も!?」と思えるくらい、絵本の手に心をさわられる。それほど、多くの子どもたちから「さいごが、いいよね」という言葉をもらってきた。

たしかに大人たちが読んでも優れもんの絵本だろう。だが、子どもたちが口にする言葉の中には、それ以外にも、さまざまな意味がこめられていると思う。

『どんなかんじかなあ』
ISBN978-4426875060
Book-Size:Body
¥1,575

「そうだよなぁ、オレもクヨクヨしてられねぇ」とか、「もうちょっとがんばってみようかな」とか、「今まで、あいつがどんなかんじか、なんて思ってもみなかった。なんか悪いことしたみたいな気分だ」、「もしわたしがこうなったら、この主人公みたいなこと言えるかなぁ」とか、その子なりにいろんなものを感じるのだろう。

そう感じて、わざわざ、ぼくみたいなオッサンのところに来て、「さいごが、いいよね」と心をこめて伝えてくれる。その澄《す》んだ目を見ていると、子どもたちの心に新しい視点が芽ばえたのでは？　とか、人との接し方に大きな幅ができたのでは？　と思えてならない。

ある日、東北地方の小学校の高学年（4～6年生）の子どもたちに、この絵本を読んだ。

そのとき、学校一番のヤンチャ坊主が6年生の中にいたのだが、担任の先生は今まで見たこともないほどの彼の真剣な表情をおがめたらしい。

ぼくの命《いのち》道具ともいえる絵本が百冊近く入った箱を持ち上げて、「じゃあ、みんな、そのまんま元気でなぁ」と言って去ろうとしたときだ。そのヤンチャ坊主がまっ先に飛んできて、重たい箱を一緒に持って校長室まで運んでくれた。彼はこう言った。

「なぁ、さっきの『どんなかんじかなあ』ーって絵本、健康が何よりっていってんだべ？」

くったくのない表情で、一重まぶたを見開きながら言ったその眼《まなこ》と、問いかけの奥にある感性の鋭さに、ぼくは足が止まるほどに感動した。

彼は、最後のシーンに施した作り手の仕掛けの意図をちゃんと読みとり、あたりまえのように歩けることがどれだけスゴイか、健康であることがどれだけありがたいかなど、ヤンチャ坊主なりの心でしっかりと受けとめたのである。

その後、校長先生と担任の先生から、その子が4年生まで弱い者いじめをしていたこと、修学旅行ではカンシャクをおこして、バスガイドさんのマイクを壊したことなどを聞いて、ビックリした。

一見、悪ガキとかいじめっ子のように見える子は、心の開きどころを「いまか、いまか」と待っている子が多い。でも、ふだんの行いの悪さや感性の鋭さが災いして、まわりの大人に対してなかなか心を開かない。だんだんと天邪鬼《あまのじゃく》な子になっていく。

この絵本は、そんな子に対しても警戒心を抱かせることなく、「それって、どんなかんじ？」という素朴な疑問を投げかける。そして、心の深いところまで手をスゥーッとのばし、いつのまにか触《ふ》れてしまう。東北のヤンチャ坊主の心も、この絵本の手にギュッギュッともまれたにちがいない。

すでに述べたとおり、大人たちの目は行き届かず、子どもたちのイジメが陰湿化しているといわれる今日である。

しかし、絵本の力を借りれば、子どもたちはもちろん、大人自身も、何の抵抗もなく、人間本来の感情が呼びもどされる。

とくに、親と子の関係では、肌と肌がふれ合っている中で、親が読み、子どもが聞く。そうして絵本の感動を分かち合えば、一瞬にして、親子の絆《きずな》が呼びもどされる。

わが子に絵本を読んであげる――。

これは、親子の関係を一瞬にして修復する行為のひとつだと、捉《とら》えてほしい。

次の章からは、日本全国のお母さんたちから受けた質問の中で、とくに印象に残ったものをとりあげながら、わが子が遭遇するであろう日常の各場面におうじて、どのような内容の絵本がタイムリーであり、そして、どのようなシチュエーションでそれを読んであげれば、心の栄養源となるのか、こたえたいと思う。

第3章【Q&A—児童編Ⅰ】

この絵本を読んで、心のスイッチをいれよう

この章からは、子どもたちの代弁者を買ってでようと思う。

つまり、お母さんたちに理解不能な言葉を吐いたり、突飛な行動をしたときに、なぜそうなってしまったのか、彼らの心の中を浮きぼりにしたいのである。

なぜかというと、ただ親にとって都合がよく、聞き分けの良い子にするための道具として絵本を捉《とら》えるのではなくて、わが子の心の中がどうなっているのか、だいたいの察しをつけて、絵本を読んでほしいからである。

また、絵本を読むことを、「読み聞かせる」という具合に、わが子を強制する行為だと思うのではなくて、むしろ、「読ませてもらう」ぐらいの気持ちで、わが子の自主性を尊重する行為だと受けとめてほしい。

わが子のそばに行くときは、「この本を読むから、聞いてなさい」と言うのではなくて、「この本を読ませてもらっていいかしら？」と言ってほしいのである。

そのため、本書に出てくる「（わが子に）読む」というすべての記述は、正確には「（わが子に）読ませてもらう」という趣旨をふくんでいるとお断りしておきたい。

ところで、子どもの代弁者を買ってでたわけだから、ぼくは童心に立ち返らんとね。

誠に勝手ながら、これからは、物心がついたころからなじみのある関西弁で、バンバンいくので、ご了承いただきたい。ほな、はじめまひょかぁ。

Q1 ハシャギすぎる夜には?・▼『ねむれないの? ちいくまくん』(ワッデル文)

学校の遠足や家族旅行の前の晩になると、気分が高ぶってしまって、なかなか寝ようとはしません。こんな息子を落ち着かせたいのですが……

思い出すなぁ。ガキのころ、おやじから「あしたは海へ連れてったろ」と言われただけで、興奮したもんや。おかんから「あしたは早いでぇ。はよぉ寝なさい」と言われて、部屋をまっ暗にして、なんとか寝ようと思うんやけど、その闇《やみ》の中に、まだ見ぬ「ウミ」が視《み》えてくるんよ。

『ねむれないの? ちいくまくん』(マーティン・ワッデル文 バーバラ・ファース絵 角野栄子訳 評論社)。この絵本の原版は洋書やけど、まるで日本中の眠れない子どもたちのために、つくってくれたんちゃうんかい? と思えるような作品や。

主人公は、「おおくまさん」と「ちいくまくん」。

おおくまさんのブヨブヨとした姿は、メタボリッカーって感じで(笑)、ちいくまくんのお父さんとも見てとれるし、お母さんとも見てとれる。その正体は定かではないけど、あるものが怖くて眠れないという、ちいくまくんをほんわかとした優しさで包みこむ。

「あしたは遠足や」と思っただけで、興奮して寝られないのが子どもっちゅうもんや。

せやけど、ちいくまくんの〝寝られへんストーリー〟を仕掛けられたら、不思議と落ち着いた気分になる。イベントを翌日にひかえたワクワクドキドキという短い周期の〝感情の波〟に、ちいくまくんのゆったりとした〝ストーリーの波〟がぶつかることによって、波がどんどん均《なら》される。本を読み終えたときには、その子の呼吸のリズムは調《ととの》うんちゃうかなぁ。脈打つ敏速なリズムは、そのうちグーン、グーンというゆるやかな〝睡眠のリズム〟になってるはずや。

『ねむれないの？ ちいくまくん』
ISBN978-4566002890
Book-Size:Body
¥1,365

ところで、ぼくは移動中の車の中で、わが阪神タイガースの試合がどうなっているか、いつも気になる。

ラジオをつけて、聖地・甲子園で延長戦の末サヨナラ勝ちした瞬間を耳にしようものなら、その夜は興奮して寝られへん。絶対に寝られへん。こんなときは、どうするか？

まずは、道の駅に車を止める。トランクをあけて、絵本の箱から、ちいくまくんを取り出す。そして、缶コーヒーとタバコを傍《かたわ》らにおいて、二回ほど読む。

一回目は、ゆっくりと文章を黙読する。

二回目は、味わうように絵を読む。

それから、ブラックの缶コーヒーを一口飲んで、タバコに火をつけて、フゥーッ。

すると、いっきに睡魔《すいま》という魔神に襲われる。

子どもたちがたえられるかなぁ。この絵本にすんでいる、おおくまさんの魔法に……。

Q2 どうせ、できっこない▼『さとりくん』(五味太郎・著)で、前向きな気持ちに

鉄棒やなわとびが上手くできません。「どうせ、できっこない」と、あきらめている娘のやる気を出したいのですが……


親として、わが子を見守り誤ってほしくないのは、できないのは罪ではないということ。

このとらえ方ができていないと、ついつい、どんくさい子と思ったり、「こんなこともできないようでは……」と、さげすんだ態度で接してしまう。

もし、そんな素ぶりをしたなら、「ちょっと言いすぎた。ごめん。もう一度、できるように一緒に考えてみよう」と、たとえ親であっても詫《わ》びをいれてほしい。

親が一緒になって、できそうにない壁に向かってくれると、わが子の心には〝克《か》つ〟が入る。

たとえば逆あがりの練習をしていたとしようか。だんだんと前向きな気持ちになってき

たわが子は、思いっきりよく足を蹴り上げてゆく。

そんな中で、「おっしぃ～」って親が思わず声を発したら、わが子の体には「うん、たしかに今までとはちがう感覚があった」というお印《しるし》が来る。

そういうときである。「よーし、あと少し。その前に一度、休憩を入れよう。休憩が終わったら、5回ずつやってみようね」と親がリードする。このインターバルを利用して、絵本を読んであげてほしいのである。

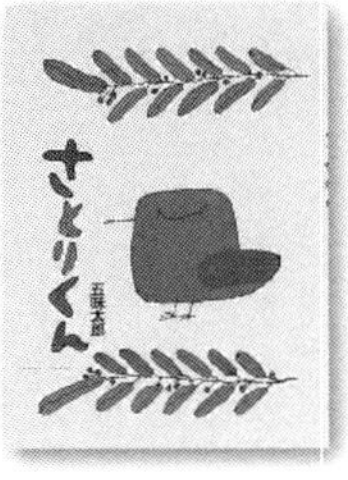

『さとりくん』
ISBN978-4906379613
Book-Size:Body
¥1,223

『さとりくん』（五味太郎・著　クレヨンハウス）。

この絵本を読み終えたあとに、次のように言って、はげましてほしい。

「なっ、さとりくんも、おれたち人間も、さとってなかったり、さとっていないようで、さとっていたりするやろ（笑）。ということは、おまえの頭がいくら『どうせ、できっこない』とさとったつもりでも、おまえの体が『やりとげよう』とするんやから……。休憩が終わったら、ここはひとつ、最後のページのさとりくんのように、すこし空にうかんでみようよ」

前向きなスイッチがほどよい感じで入ったわが子は、いともかんたんに壁を越えてしまうんちゃうかなぁ。

Q3 学校へ行きたくない▼ママが読みたい『おこだでませんように』（くすのきしげのり作）

新しいクラス担任の先生に叱られて、学校へ行きたくないと言ってますが、どうしましょうか？

そんなとき、親ならば、こう言わな。

「ほな、あんたは自分と合わん人に出会ったり、叱られるたびに、その人を避けて生きてく弱い人間になるんやな？　それやったら、明日から学校行かんでもかめへんで。そのかわり、給食とか休み時間のドッジボールとか、楽しいことは一コもなくなるから、そのつもりでな」

すると、次の日の朝には自分で起きてきて、メシ食って、出ていくもんや。

前の日あれだけ文句たれても、子どもなりに考えて「行くしかないわな」って気にさせるのが親ってもんや。

考えてみれば、数十年前は、どの家の親も学校へわが子を通わせるのはあ、た、り、ま、えというオーラを放っていた。保護者会や授業参観にやってきた母親たちは、担任の先生に会うと、当然のように「お世話になっています」「よろしくお願いします」などと言うてたわな。先生は先生で、「アキちゃん、算数のテスト、よぉがんばりましたなぁ」とか返して、子どもたちの姿をちゃんと見ているというオーラを放っていたもんや。でも今は、それぞれが違うんよ。親が担任をきらったり、担任がその子の親をきらったり、学校全体がモンスターペアレントにビクビクしていたり、さまざまなオーラが見られるようになった。

子どもたちのことや。そんなオーラを受け続ければ、なんだかんだと理由をつけて学校へ行きたがらんのも、しゃあないわなぁ。

さて、がんばって学校へ行って帰ってきたわが子に、読んでほしい本がある。

『おこだでませんように』（くすのきしげのり作　石井聖岳・絵　小学館）。

主人公は、学校でも家でも怒られてばかりの小学一年生の男の子で、いつも心の叫びを発している。そんな男の子が七夕の短冊《たんざく》に願いごとを書いて、それを見た担任の女の先生とお母さんは……。

この絵本は、とくに母親が読んであげるといいやろうね。「先生もお母さんも、ほんまは、

『おこだでませんように』
ISBN978-4097263296
Book-Size:Body
¥1,575

ちゃんとぼくのこと思ってくれてたんや」って、子ども心に感じるものがあるだろう。

絵本の中には、子どもの気持ちだけでなく、厳しさと優しさの両方を持った担任、母親の気持ちが散りばめられている。担任も母親も、叱りたくて叱ってるわけやない。そうせざるをえないことをやらかすから叱るわけや。

せやけど、大人たちの方こそ、この絵本から大切なことを学ぶかもしれへん。

叱られるわが子の気持ちをしっかり受けとめるという、新たな視点がくわわることで、頭ごなしに叱りつける機会がだんだんと減っていくんとちゃうかなぁ。

Q4 おばあちゃんが死んで▼『ぶたばあちゃん』（ワイルド作）があたえる安心感

同居していたおばあちゃんが死んで、元気がない娘が心配でなりません。どうやって、はげませばいいでしょうか？


おじいちゃん子やおばあちゃん子にとっては、たったひとりの味方を失うようなもんや。

なにかワルさをしたとき、もうこれからは、親に怒られっぱなしで、自分の言い分を聞いてくれたり、かばってくれる味方が、だぁーれもおらんような気持ちに包まれるやろうからなぁ。

『おじいちゃんの　ごくらくごくらく』
ISBN978-4790251415
Book-Size:Body
¥1,260

『ぶたばあちゃん』
ISBN978-4751514450
Book-Size:Body
¥1,575

ぼくは、宮大工《みやだいく》のおじいちゃんが逝ったときに泪《なみだ》は出てこんかったけど、そのあと一年ぐらいは、ふとしたときに、「あぁ、もう仏壇の向こうへ行ってるんやなぁ」と思ったもんや。「これは何？」って聞いても、「アキヒロょ、これはなぁ……」って笑顔で訓《おし》えてくれる人が「だぁーれも、おらんようになったんや」と思うと、急にさみしくなった。人が死ぬという意味がまだよくわからんがために、やり場のない悲しみに包まれたもんや。

ここでは、おじいちゃん用の絵本を一冊、おばあちゃん用の絵本を一冊、紹介したい。

おじいちゃんの方は、『**おじいちゃんの　ごくらくごくらく**』（西本鶏介・作　長谷川義史・絵　鈴木出版）。おばあちゃんの方は、『**ぶたばあちゃん**』（マーガレット・ワイルド作　ロン・ブルックス絵　今村葦子訳　あすなろ書房）である。

『おじいちゃんの　ごくらくごくらく』で描かれるほのぼのとしたおじいちゃんの表情を見ると、宮大工のおじいちゃんを思い出す。たぶん、昔おじいちゃん子だったお父さんが見ても、なつかしさがこみあげてくるだろう。

『ぶたばあちゃん』の文章を読むと、母方のおばあちゃんのしっかりとした声が耳の奥に広がってゆく感覚があった。昔おばあちゃん子だったお母さんたちも、似たような感覚に包まれるかもしれない。

いずれにしろ、お父さんやお母さんは、何十年も前に亡くなったおじいちゃんおばあちゃんが「心の中にいてくれる」と実感しながら、これらの絵本を読んであげてほしい。

そうすれば、わが子は、亡くなったばかりのおじいちゃんやおばあちゃんが、この絵本の中にいつもいてくれると感じるだろう。

本を見るたびに悲しみはうすれて、やがては、おじいちゃんやおばあちゃんが生きていたときと同じような安心感に包まれるだろう……。

Q5 遊園地に行けなくて▼ママとパパは心をこめて『やくそく』(成田雅子・著)

パパの仕事の都合で、遊園地に行く約束を守ってあげられなくて、ヘソを曲げてしまいました。こんな娘を元気づけるには、どうしたらよいでしょうか?

子どもたちは、ふだんの生活で「あっ、クツをそろえる約束だった」「ちゃんと片づける

『やくそく』
ISBN978-4061322943
Book-Size:Body
¥1,680

約束だった」「しっかり返事をする約束だった」など、幼ないなりに約束を守ろうとしているんよね。

そして、勇気をだして、「ねぇ、今度の日曜日、遊園地に連れてってほしいんだけど、ダメ?」と聞いてみる。遠いところにある遊園地までひとりでは行けないし、お金もないから、親にお願いするしかないのだ。

もしも、その約束を守ってもらえたなら、帰りの車中では、たとえせま苦しい軽自動車の後部座席であっても、満足そうな顔をして寝息をたてているだろう。

でも、「夏休みまで待ってくれよ」とか「3年生になったらね」という具合に結論を先のばしにされたり、何カ月かたった後に「やっぱりムリみたい」とか「それより、あんた、勉強しなさい」という具合に約束が守られないと、だんだんと笑顔が消えてゆく。

なんとか守っていた日常の約束も「わたしばっかり、なんで守らなあかんの」となって、ますます親の言うことを聞かなくなるやろうね。

『やくそく』(成田雅子・著 講談社)。これは、一人の男性と一ぴきのネコの関係を描いたファンタジックな絵本だが、すべての約束に密《ひそ》んでいる〝核〟がきっちりと織りこまれている。

そもそも人生において、約束をしてくれる相手《ひと》がいることは大きな悦《よろこ》びである。ところが、その約束を不意にされると、怒ったり、悲しんだりする。

この絵本は、たとえわが子がそうなったとしても、かたく閉ざした心をもみほぐす。どんなに時間がかかっても、約束を守ろうとしてさえいれば、かならずその気持ちが通じる日が訪れると暗示しているかのように思える。

この絵本の最後のページに描かれている満月を見ながら、

「今、この絵本のように約束を守れないけど、かならず守るから、その日を楽しみに待っていてほしい」

と真摯《しんし》に告げれば、ヘソを曲げたわが子は、言葉の月あかりに照らされ、今宵《こよい》は満足した寝顔をうかべるかもしれない。

Q6 二学期がはじまって▼ボォーとしているときは『きみは しっている』（五味太郎・著）

夏休みが終わって、新学期がはじまりましたが、朝はなかなか起きてこないし、授業中はボォーとしているんじゃないかと心配です……

小学生でも低学年ともなれば、なかなかスイッチの切り替えがうまくいかんもんや。

『きみは しっている』
ISBN978-4265906260
Book-Size:Body
¥1,155

ぼくがガキのころにありがたかったのは、秋の運動会の練習が始まることやった。ボンヤリしたまま1～2時間目の授業が終わって、3時間目からダンスの練習とか、徒競走・整列・退場の練習があると、体を動かすことで頭がシャキッとする。

おかげで、午後の授業がスッスッと頭に入ってきた。つまり、夏休み仕様から、授業仕様の頭と体にスイッチが切り替わっていったんやね。

その点をふまえると、新学期がはじまったばかりのわが子には、心が躍《おど》らされるような絵本を、夕食の後にでも読んであげるのがいい。腹はふくれて気持ちが落ちついているので、ストーリーがスッスッと頭に入っていくだろう。

五味太郎著『きみは しっている』(岩崎書店)。

この絵本は動物を主人公にストーリーが展開するけど、読み終えたときに、どれだけ自分がその世界に入りこんでいたのか、ハッと気づかされるんよ。

主人公はハゲタカ。ライオンやトラなどの肉食獣が食べ残した肉を運よくゲットし、その肉を岩かげにかくすところから話がはじまる。

ハゲタカは読者に向かって、ある言葉を投げかけるんやけど、これで、わが子はハゲタカと肉に目がいき、おのずと絵本の世界に引っ張りこまれる。

最後の方では意外な展開が待っていて、ラスト三ページで、最初のページに引きもどされる。そのとき、わが子の心はハッとなるんやね。

読み終えて、そのページを何度も見たくなる。ハゲタカの姿が、自分の姿とピッタリ重なる気がする。つまり、ボンヤリしてテキトーに肉（大事な物）をかくすと、こうなるんだと感じる。ボンヤリしていると、自分の大事なものをなくしてしまうから、「油断してられない」ってところのツボを、この絵本はちゃんとくすぐってきよるんよ。

この絵本を読んでいるお母さんたちも、ピリッとするかもしれない。

わが子に対して「しっかりせぇ」と思いつつも、意外にも一番ボンヤリとしているのは、自分たち親の方かもしれないという感覚になるんよね。

といっても、頭の片すみにおいてほしいのは、少しだけボンヤリすることも、人生には必要だってこと。そういうインターバルがあってこそ、馬力をかけて、諸事にあたれるっちゅうもんやからね。

Q7 正義感のカケラも…▼『もう よわむしじゃない』（西本鶏介・作）が教える勇気

息子のクラスでは、正義感のある子がきらわれるようなんです。そんな子を仲間はずれにする息子の目を覚ましたいのですが……

今は、ほんまにおかしな世の中や。なんで、そないなことになんねん。

ひと昔前ならば、勇気を出して、いじめっ子に向かっていったら、ヒーローやったがな。それが今は小学一年生の時分から、よけいなことせん方が仲間はずれにされんですむからってんで、なかなか正義感を宿す子どもがおらん。たまにいたかと思うたら、関係のないヤツまで仲間はずれにする側に加担して、多勢に無勢や。これでは正義感をもった子はみんな社会に出ていくまでに、同級生につぶされてしまうわぁ。

『もう よわむしじゃない』（西本鶏介・作 宮西達也・絵 鈴木出版）。

この絵本の後半には、正義感を発動したケンカ、さらにいうと〝勇気の証《あか》し〟のケンカのシーンがある。

今は、たとえ正義感の芽がふいても、先に手を出そうものなら、「あなたがわるい」「暴力は何があっても許されませんよ」となって、「ワルい子」のレッテルを張られかねない。

しかし、この絵本には、ちょっと昔まで大人や子どもたちがあたり前のようにもっていた〝情《じょう》〟が描かれている。情にほだされたり流されていると、結局は自分が泣くことになるかもしれん。それだったら、他人のことは放っておこうという空気が蔓延《まんえん》するこの時代に、忘れかけていた大切な気持ちをしっかりと思い出させてくれる。

『けんかのきもち』
ISBN978-4591070444
Book-Size:Body
¥1,260

『もう よわむしじゃない』
ISBN978-4790251279
Book-Size:Body
¥1,155

つづいて、『けんかのきもち』（柴田愛子・文　伊藤秀男・絵　ポプラ社）。

これは、ケンカをした男の子の心内《こころうち》を浮きぼりにした絵本だが、〝ケンカ〟と〝暴力〟の違いを頭でわからせようとするのではなくて、しっかりと肌でわからせてくれるのである。

この絵本を何度も見ていると、ケンカをした主人公だけでなく、それを見ていたクラスメートまでもが、「ぼく（わたし）のこの気持ちをわかってよ〜」と叫んでいるような気がしてくる。これがケンカっていうもんや、と肌身に染みてわかるんやね。

対して、暴力とは、そういう気持ちや情がまったくふくまれない行為を指すんやろうなってことも肌身に染みてわかるやろうね。

けっして、正義感あふれる行為にうってでた子が非難されたり、仲間はずれにされる世の中にならないよう、未来にまで語り継ぎたい名作がこの2冊の絵本である。

Q8 はしかで学校を休んで▼『ぷらぷら』（もも著）がいざなう夢の世界

小学2年生の娘なんですが、はしかにかかって、1週間は安静が必要だと言われました。看病しながら、絵本でも読んでやりたいのですが……


よくある過《あやま》ちとして、早く元気になってほしいと願うあまり、主人公や内容がメッチャ元気な絵本を読んであげるお母さんがいるけど、あれはあせりすぎやな。

なぜかというと、床に伏せっている子どもには、ストーリーを受けとめるだけのエネルギーがないんだから、ヘビーに感じられるわけ。少しずつ病いは回復へ向かうだろうけど、せめて三日目の晩ぐらいからではないと、集中して聞けへんのとちゃうかなぁ。

病床の子を癒やすのに、もっとも効果があるのは、一ページ見ただけで、またはワンフレーズ聞いただけで、想像の世界にいざなわれるような絵本。つまり、できるだけわが子にエネルギーを使わせないのがいいとはいえ、寝床で夢を見るエネルギーはあるのだから、想像しやすい絵本が向いてるっちゅうこっちゃ。

そもそも、病いで伏せっている子の心を「元気にしよう」と思って絵本を読むことは、親のエゴに近いわけ。そこんとこをちゃんと自覚して、「早く元気になってね」と願いをこめて、寝床の横で読ませてもらうぐらいの気持ちでいた方がいい。

なんとも因果なことやけど、そういうときに回復へ向かうキッカケが起こることが多いんよ。

その日の病状にもよるけど、頼りになる絵本は、ちっちゃないのちシリーズ『まるまる』『ぱくぱく』『ぷらぷら』（以上、もも著　岩崎書店）で、その中でもイチオシは『ぷらぷら』や。

この絵本は、みのむしが主人公だから、床に伏せっているわが子は、ミノをふとんに、みのむしを自分に置き換えやすく、心地よく夢の世界へといざなわれるだろう。

また、本のサイズ（タテ横ともに約18センチ）が手になじみやすいところがいいのか、みのむしの成長の様子がイメージしやすい紙面構成がいいのか、それとも数分で終わるショートストーリーがいいのか、その理由は定かではないが、寝床の横で読んであげると、ありがたいキッ

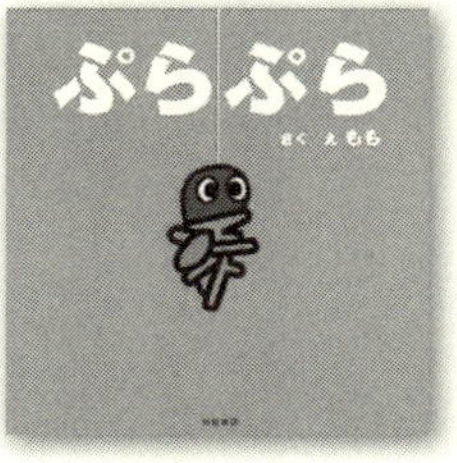

『ぷらぷら』
ISBN978-4265058532
Book-Size:Hand
¥840

カケをもらえることの多い貴重な絵本やわぁ。

Q9 悲しいアニメを見て▼『たなかさんちのだいぼうけん』（大島妙子・著）で元気百倍！

最近、娘がしょげていると思っていたら、大好きなアニメの悲しいシーンを見たことが原因のようなんです……

30年ほども前かなぁ。日曜日の夜に『フランダースの犬』や『母をたずねて三千里』の最終回を見たら、グッとくるもんがあったなぁ。

そういうふうに一発でガーン!! ときたり、一日に何回も堪《こた》えることが起こると、元気がなくなるよなぁ、子どもって。親や近所の大人たちから見ると、しょげてるふうに映るわなぁ。

ぼくが近所の子どもを見かけたら、まず「どないしてん、うかない顔して」って、声をかけるやろうね。

そして、もしも原因を教えてもらえなかったら、次のように言うだろう。

「大人になるまでには、いくつも、人に言えん原因っちゅうもんがやってくるけど、大人になってから、想像もできないぐらいにたくさんの、人に言えん原因がやってきよるから……。もし何日かたって、やっぱだれかに話を聞いてもらって、早いとこ『元気とりもどさな』と思ったら、おいちゃん、いつでも話を聞いたるから、おいでーな。話を聞いたかて、おまえさんのおかあちゃんにも友だちにも、なーんにも言わへんから安心しぃ。ほな、早よぉ、元気になるねんでぇ」と。

逆に、うかない顔をしている原因をしゃべってもらった場合、どんな絵本を読んであげるかというと、『たなかさんちのだいぼうけん』（大島妙子・著　あかね書房）。

これは、タイトルのとおり冒険物の絵本だけど、問題は「だれが冒険するか」ってことやねん。しかも、冒険をはじめる原因は、とてもスケールの大きい原因で、いともたやすく子どもの心を包みこむだろう。

『たなかさんちのだいぼうけん』
ISBN978-4251009364
Book-Size:Body
¥1,365

もちろん冒険するヤツもするヤツで、めちゃくちゃスケールがでかい。

主人公となるそヤツは、どこかで見たアニメのように、鳥でもないし、犬でもないし、ましてドラゴンでもない。

ヒントは、小さい子どもからおじいちゃんおばあちゃんまで、みんなが毎日、お世話になってるヤツやからね。

Q10 イタズラ坊主▼『となりのせきのますだくん』（武田美穂・著）へのリアクションは？

クラスの女の子にちょっかいを出す息子を改心させたいのですが、何かいい方法はありませんか？

スカートめくりは、学校の一日が始まる合い図（？）やった。当然、クラスの女の子たちからは危険度ナンバーワンの人物として警戒態勢をしかれた。

今の時代、そういう男の子の数は減ったとはいえ、すぐに二冊の絵本が思い浮かぶ。

一冊は、日本中の子どもたちに向けて何回も読ませてもらった絵本で、『となりのせきのますだくん』（武田美穂・著　ポプラ社）。もう一冊は『ぼくがあのこをきらいなわけ』（礒みゆき著　ポプラ社）である。

『となりのせきのますだくん』は、主人公の女の子が思い描く「ますだくん」の姿を目にすると、「オレもこんなふうに見られてんのかなぁ」と感じるだろう。ますだくんが口にするセリフについても、今はオッサンになったぼくでさえ思いあたるものばかりで、遅まきながら反省させてもらった（笑）。

『ぼくがあのこをきらいなわけ』は、男の子が主人公の絵本で、いたずらっ子ばかりではなく、思春期をむかえた少年たちの心も包む。実際、中学校や高校に呼ばれたときに読ませてもらうことの多い絵本である。

思春期まっただ中の少年には、絵本の中に出てくる女の子の態度に見覚えがあるのだろう。男として「わかる、わかる」と感情移入するようだ。

この絵本を手にすると、〝きらいきらいもすきのうち〟という言葉を思い出す。

いたずらばかりしている小学生時代、保健室の女の先生によく言われたのが、「あんた、○○ちゃんのこと好きなんやろ?」。そのたびに「オレ、あいつのこと好きなんやろか?」と、自問自答したもんや。

女の子はおませさんだから、同い年の男の子が幼なく見えてしかたがないのだろう。それは女の子といえども、すでに母性がしっかり働いてる証拠なんやろうね。

やっぱり、いつの時代も、女の子にはかなわんなぁ(笑)。

『ぼくがあのこをきらいなわけ』
ISBN978-4591073964
Book-Size:Hand
¥819

『となりのせきのますだくん』
ISBN978-4591039427
Book-Size:Body
¥1,260

☆ここでちょっと一息

どの問いかけからも、わが子との健全な生活を望む親御さんの切実な思いがメッチャ伝わってくるなぁ。

これからも、そういう質問のひとつひとつに、ぼくなりにこたえさせてもらいますが、ちょっと一息つかさせて(笑)。

ごめんしてや、ほんまに。その間にちょっと絵本でも読んでてーな。どれ読んでも、心にクルものが必ずあるから。

ほな、ちょっとだけタイトルあげとくね。

『富士山にのぼる――福音館のかがくのほん』(菅原久夫・作　岡部一彦・絵　福音館書店)
『バオバブのきのうえで――アフリカ・マリの昔話』(ジェリ・ババ・シソコ語り　ラミン・ドロ絵　みやこ・みな再話　福音館書店)
『えんまとおっかさん』(内田麟太郎・作　山本孝・絵　岩崎書店)
『そばやのまねきねこ』(村田エミコ著　岩崎書店)

みんなが絵本を読んでる間に、ぼくは、大好きなブラックコーヒーでも飲ませてもらおうかなぁ(笑)。

まずは、タバコに火をつけて(シュボッ!)。

ふぅー。ジジーッ。ふぅー。

うめぇー、至福のいっぷくやなぁ!

ほな、ちょっといってきまーす。


ただーいまぁ。

おかげで生き返りました!

心の栄養となる絵本については、全部で39冊、巻末(170~173ページ)で紹介したんだけど、上の4冊の絵本も、クルもんがあったっしょ。

ぼくも、いろんな絵本の、気持ちのええとこを開けっぱなしにして、原稿書いてるんよぉ~。そうすると、ギャラリーの中で書いてる気になってまう。

やっぱ絵本はええわぁ。

心のなかにエネルギーをもらえる感じがする。

さーて、ほなぼちぼち次いこかなぁ。

ぼくのつたない文章から、少しでも、絵本の中に封じ込められてる、たしかなエネルギーが伝わればいいんやけど……。

まぁ、魂こめて書きますわぁ。

うりゃ~。

ポキン!

あれっ!　そらぁないわぁ、気合い入れたのにぃ~(!?)。

第4章【Q&A―幼児編】

小さな個性を伸ばすために、読みたい絵本

ぼくは、月刊誌に掲載された
『たまごにいちゃん』も
持っているのだが、今、取り出すと、
ボロボロのペーパーバックである。
それぐらい、家でも、
日本中の子どもたちの前でも、
読ませてもらった。
大事な絵本の一冊という、
この気持ちは、
子どもたちのそれとたいして変わらない。

Q11

おもちゃをこわして▼ふさぎこんでいる子には『たまごにいちゃん』（あきやまただし著）

4歳の娘なんですが、ふとした拍子に、お気にいりのおもちゃをこわして、泣きさけんでいます。これをキッカケに、ふだんから物を大事にするようになってほしいのですが……

子どもが大事にするものは、ほんま、さまざまや。

石ころ、枯れ葉、木の実、キャップ、シール、ボロボロのクツ、片腕のとれたフィギュア、やぶれた絵本……。大人にとっては一見何の価値もないものばかりだけど、それらは、子どもたちにとって、その日一日の気分を大きく左右するほどの〝宝物〟や。

せやから、テーブルの上に無造作においてあるかのように見えるものを、お母さんが勝手にさわって、ちょっとでもズラそうもんなら、わが子は烈火のごとく！　怒る。

そのとき、「そんな大事なもんなら、こんなとこにおいたらあかん！」と怒り返す(!?)お母さんがいるが、これはいただけない。

お母さん方にはぜひ、わが子が大切にしているのはただの石ころではなくて、宝物だという具合に捉《とら》えてほしい。「〇〇ちゃんの大事なものを勝手にさわってごめんね」と言いながら、元にあった位置にもどせば、わが子は納得するはず。

それを自分の価値観とはちがうからといって、頭ごなしに押さえつけようとしてはいけ

『たまごにいちゃん』
ISBN978-4790250708
Book-Size:Body
¥1,260

ない。そういうささいなことが積み重なると、大人への不満をためこみ、癇癪《かんしゃく》をおこしやすい性格となる。

　宝物をこわしてふさぎこんでいるときに、読んであげたい絵本。それは『たまごにいちゃん』（あきやまただし著鈴木出版）である。

　主人公のたまごにいちゃんは、ニワトリのお母さんにずっと温めてもらいたいから、生まれたときから〝ある宝物〟を肌身はなさない。ラスト近くでは、自らのドジでその宝物を壊してしまうのだが、そのときのしょんぼりとした姿がなんとも愛らしいのである。

　この絵本は「ものをこわして泣くくらいなら、ふだんから大事にしなさい」と頭でわからせようとするのではなく、まるでそれを静かに告げるかのようにして、子どもたちの心をノックする。「たまごにいちゃんみたいに、いつも大切なものを持っていよう」という信号を、感度のいい子どもたちの受信機《アンテナ》はけっして逃さないのである。

　今では、たまごにいちゃんはシリーズ化され、『たまごねぇちゃん』も登場するようになった。しかし、この絵本の中で、たまごにいちゃんが「ぼくは……」と一人称の自覚を芽ばえさせるシーンが、ぼくは大好きや（笑）。

わが子にこれが芽ばえると、大事な宝物のひとつとして、ちゃんと〝自分〟を捉《とら》えるようになるんよね。

Q12 楽しみにしていた旅行が…▼行きたかった気持ちをつつむ『はくちょう』（内田麟太郎・文）

大雨の影響で、年に一回の家族旅行が中止になってしまいました。未練たらたらの息子をなぐさめたいのですが……

神様は、幼ない子どもだとて容赦なく、旅行当日に、「しゃあないなぁ」と思わせるハプニングを用意する。

そのハプニングを、子どもは子どもで、大人は大人で、どう受けとめ、どう乗り越えていくのかを見守っているような気がする。

こんなときは、体をもてあました分のエネルギーを取り去ってくれたり、ほどよく均《なら》してくれる絵本を読んであげたい。

『はくちょう』（内田麟太郎・文　いせひでこ・絵　講談社）。

これは「白鳥」と「池」の〝心の交流〟を描いた絵本だが、その〝ふたり〟の傷つき方が子どもたちの心の傷《いた》みと幅広くリンクするのである。

『はくちょう』
ISBN978-4061322752
Book-Size:Body
¥1,680

幅広くとは、たとえば、「行きたかったなぁ」とか、「泳ぎたかったなぁ」というちょっとした心の傷みから、「あ〜ぁ、来年まで、また一年待たなきゃあかんのかぁ」という比較的大きな心の傷みまで、それも3歳の子から大人の心まで、男女関係なく、癒やしてくれる。

この絵本は、内田麟太郎氏が文を書き、いせひでこ氏が絵を描いているのだが、どのページもナイスコラボで、独特のエネルギーを放っている。

あるページは仲の良い夫婦のように、あるページはなごやかな家族のように、またあるページはわかり合っている兄弟や友だちのように……。文章のリズムと絵の美しさがあいまって、ラストシーンでは圧迫感のまるでない余韻に誘《いざな》われる。

わが子のいろんな表情を目に止めて、親子のふれ合いを噛《か》みしめながら、この絵本を読んであげると、ションボリとしたわが子の心は自ずと調《ととの》うにちがいない。まるで、白鳥の傷が癒えるように……。

思わぬハプニングがあった日にいかが？

Q13 あいさつが苦手▼『なけない　ちっちゃい　かえる』（シエラ作）で自信の根を

近所の大人に会ってもハニカむだけで、あいさつのできない子なんです。こんな照れ屋な性格を直したいのですが……


安心感のある雰囲気の中ですごさせてあげれば、照れ屋さんの傾向がうすらいでいくんやないかなぁ、きっと。

たとえば、誰よりもかわいがってくれるじぃーじやばぁーばなど、安心感のある雰囲気を醸《かも》しだす大人と一緒にいる時間を増やしてあげるだけで、人前で声が出るようになっていくやろうね。

ただ、人前で少し声が出たからといって、あせったらあかんねん。ここであせると、少しずつ育ってきた自信の芽をつんでしまう。

こういうときには、じぃーじやばぁーばなどの大人も誘って、自然にふれられる場所に出かけるのがいい。竹の子狩りや栗拾いなどに興じると、日常では味わえないナチュラルな雰囲気が記憶にインプットされて、よりよい効果につながる。そのくらい自然のパワーはすごい。

その時期を突きぬけたとき、たとえばハッキリとした声で「ただいまぁーっ！」と勢い

『なけない　ちっちゃい　かえる』
ISBN978-4790251187
Book-Size:Body
¥1,155

よくリビングまで駆けこんでくる。そんな日に、絵本を読んであげるのがいい。一緒にコンビニまで散歩しながら、物語を語ってあげるのもいい。そうすると、確固とした自信が根づくのである。

　そんな効果を生みだす栄養いっぱいのストーリーで、紹介したいのが『なけない　ちっちゃい　かえる』（エクトル・シエラ作　やまうちかずあき絵　鈴木出版）である。

　この絵本を読めば、人間にかぎらず、いろんな生き物が声を発する幸せを授かっていると、子どもながらにも感じてくれるはず。

　主人公はかえる、それもちっちゃいかえるであり、これがバッグンに子どもの心に何かを働きかける。ちっちゃいかえるを見たわが子は、「ちょっと前まで、自分もこんな感じやったんかな」と思いつつ、安心した雰囲気の中で、ストーリーの世界に入ってゆけるだろう。

　ハッキリと人に聞こえるような声が出ると、不思議と自信の度合いが大きくなる。

　この国には、こんな云《い》われがある。

　声が大きい人に、わるいヤツはおらん、と。

やっぱ親としては、多少声が大きくて、元気がある子の方がええんと、ちゃいまっか。

Q14 好き嫌いが多い▼『ピーマン　にんじん　たまねぎ　トマト！』（平田昌広・文）で幸せ気分に

食べものの好き嫌いが多くて、野菜はまるっきりダメ。これでは将来が心配です……

人の味覚は成長にともなって変化するから、幼ないころに好き嫌いがあっても、そんなに心配せんでもええと思う。

むしろ、何でも食べられるようにしないと、とリキが入ってるお母さんたちの方が心配やなぁ。そういうお母さんは、のちに食べられるようになるかもしれないのに、その可能性をつぶしてしまうほどに、怒りを爆発させながら食べさせようとする。

これでは、人生の初期に、親の手で舌を抜いてしまうようなもんや。やっぱり親なら、嫌いな食べ物が多少あったとしても「いずれ食べられるようになったらええから。とりあえず、ここにサラダおいとくから」と言ってあげるくらいの心の余裕がほしい。

幼ないころは、野菜が苦手な子が多い。そこで、一冊の絵本がある。

『ピーマン　にんじん　たまねぎ　トマト！』（平田昌広・文　平田景・絵　文化出版局）。

『ピーマン　にんじん　たまねぎ　トマト！』
ISBN978-4579404285
Book-Size:Body
¥1,470

主人公は、トマトが苦手な女の子、ゆうちゃん。絵本の表紙に登場するゆうちゃんの目には涙がうかんでいるけど、最後のページの絵を見ると、子どもたちの心は癒やされる。

なぜかというと、彼女には、苦手なトマトに一緒に立ち向かってくれる、心強い味方のおとうさんがいるからだ。その証拠に、どのページのおとうさんを見ても、娘をしっかり見守る子煩悩《こぼんのう》な表情をちゃんとしてるんよねぇ。

せやけど、この絵本を読んで、すぐに嫌いなものを食べさせようなどという安易なことは、せんといてほしい。あくまでも親として、わが子自らが嫌いなものに手をのばすまで、辛抱強く見守ってあげんと、ゆうちゃんみたいな表情で食べられんからね。

なお、この絵本の巻末にはレシピがのってるから、家族みんなでワイワイやりながら食事するのも、一興でっせ！

Q15

絵本よりテレビがすき▼『うしはどこでも「モ〜！」』（ワインスティーン作）をピタ止め！

ほんの小さいころから、テレビに子守をさせてしまったからでしょうか。絵本を読んであげようとしても、なかなか食いついてきません。何かいい方法はありませんか？

まず、大切なことを言おかな。

不思議に思うかもしれないが、お母さんやお父さん自らがリビングで絵本や図鑑などを見ている機会が増えると、子どもの趣向もじょじょに変わっていきよる。

そもそも絵本というものは、くり返し見るものである。それは、絵本作家が念《おも》いをこめて散りばめたエッセンスが、読み手や聞き手によって、拾われていくようなもんやと思う。子どもたちは何度も絵を目にすることによって、著者がそのページに封じこめた「ここのオオカミの絵には気づいてほしいなぁ」とか「そこのネズミの絵には気がつくかなぁ」というエッセンスを拾ってゆく。このように発見する楽しさが生まれると、一冊一冊の絵本を何度も手にとる。

この楽しさは、テレビやビデオでの楽しさとは、ちがうんやな。

たとえばテレビのアニメは、ストーリーにピッタリ沿う形で映像が流されてゆく。

一方、絵本については、絵は絵で流れ、ストーリーはストーリーで流れる。ひらがなと

『うしはどこでも「モー!」』
ISBN978-4790251934
Book-Size:Body ¥1,470
犬やったら、日本では「ワンワン」。
ほな、イギリスでは?

絵が奏《かな》でる、流れのハーモニーといったところやね。

たとえビデオの一時停止のやり方を知っている子がいたとしても、なかなかうまくいかない。ちょっとずつお気に入りのシーンからズレたりするよね。

ところが絵本は、一ページずつめくるという動作を、自分の手とリズムで行なうから、止めたいところで止めて、好きなだけそのページのエッセンスを楽しめる。

その絵本のお気に入りのページは、どのようにでもピタ止めできるのである。テレビやビデオとはちがうおもしろさを感じるから、そらぁ、ハマるわな。

とてもニブくて、「そういう感覚はわからないわ」というお母さんだとしても、大丈夫。たとえ親はニブくても、子どもっちゅうもんは感受性が豊かなように、神様は授けてくれるもんや。

お母さんやお父さんはテレビを消して、ひまさえあれば、絵本を手にとってほしい。そういう姿を、わが子はちゃんと見ていますから。そして、じょじょに絵本の世界にひきこまれていきますから。

そんなとき、テーブルの上に、そっとおいておくなら、『うしはどこでも「モ〜!」』(エレン・スラスキー・ワインスティーン作　ケネス・アンダーソン絵　桂かい枝・訳　鈴木出版）なんか、ええんとちゃうかな。

Q16

あとかたづけをしない▼親子一緒に『ぷしゅー』（風木一人・作）の世界にひたろう

何度言っても、遊んだあとに、あとかたづけをしようとはしません。まったく困ったものです……

ひとりっ子が多い今だからこそ、ぜひとも識《し》っておいてほしいことがある。

せめて小学校低学年ぐらいまでは、親の管理監視の元で、遊ぶ時間までをもきちんとリードしてあげること。遊ぶという行動を知的行動のひとつと捉《とら》えて、そこから親子一緒に多くを学んでほしいんやね。

昔は兄弟姉妹《きょうだい》がたくさんいる家庭が多かったから、お兄ちゃんやお姉ちゃんが一緒に遊んで、親が遊びなどを教えてあげなくてもよかったけど、今はちがう。とくにひとりっ子家庭では、一緒に遊ぶ時間を、一日おきの週に三日でええから、10歳になるくらいまでは、とってあげてほしい。

遊びと同じく、そうじ、かたづけ、整理整とんも知的行動のひとつだから、昔の子は兄

『ぷしゅー』
ISBN978-4265069675
Book-Size:Body
¥1,365

貴姉貴らと一緒にかたづけをしながら、「お兄ちゃん、ここにしまいよったなぁ」とか、「お姉ちゃん、イス出してきて、あの上にしまいよったなぁ」という感じを体でおぼえていったもんや。

子どもたちに、あとかたづけや整理整とんを身につけてもらうためには、まずは親と一緒に遊ぶ時間をとってほしい。

その中で、おもちゃの扱い方、力《ちから》のかげんのしかた、手さばき、工夫のしかたなどを見せてやらないと、マネができないわけ。すべての作法や、手足などの体を動かす技術《わざ》は、知的行動のひとつだから、その第一歩は、マネのしやすいように、見せられる人がいてこそ、上手にこなせるようになっていくんよ。

親と遊んでから、一緒にボールをかたづけたり、おもちゃを整理整とんすれば、子どもは親のやり方をマネて、それをやり終えたあとのスッキリ感や達成感を味わえる。

でも、一緒に遊ぶことはおろか、一緒にかたづけをせずに、口先だけで「かたづけしなさーい」といくら言うてもねぇ。あとかたづけができないのは、そういうことなんよ。子どもに罪はないねん。

口先だけの人に絵本を紹介しても、ただ親にとって都合のいい、しつけの道具にしかならんからね。たしかにわが子に絵本を読んであげたら、最初はそれに従ってくれるかもしれないけど、まぁ、三日もったらええ方とちゃうかなぁ。一緒に遊んでかたづけることを、せめて三回以上は実践してほしい。

全国各地のお母さんに、そういう条件つきで紹介した絵本。

それは『ぷしゅー』(風木一人・作 石井聖岳・絵 岩崎書店)である。

この絵本は、子どもたちにとっては夏の遊びの醍醐味《だいごみ》のひとつ、海水浴のシーンからスタートし、あるものを「ぷしゅー」とかたづける。

最後の最後には、ぼく自身をかたづける方法が描かれていて、なんともいえない感じで、わが子の心はくすぐられるだろう。

また、この絵本に織りこまれた遊び心が伝わるおまけが、カバーの裏についているので、親子でかたづけが終わったときに、遊び感覚(!?)でどうぞ。

それこそ「ぷしゅー」という息ぬきをするグッドタイムになるかも……。

Q17

赤ちゃん返り▼『こんにちは　たまごにいちゃん』（あきやまただし著）で、お姉ちゃんの自覚が…

下の子が生まれてから、5歳の娘があまえん坊になっていきます。わたしは赤ちゃんの世話で手一杯なので、パパに何とかしてもらいたいのですが……

上の子と下の子が年子《としご》だったり、二、三年ぐらいしかあいてないと、上の子の〝赤ちゃん返り〟はほんま、きついんとちゃうかなぁ。

なんでかっていうと、今のような社会だったら、お母さんにしっかりあまえさせてもらえるはずの授乳期までもが、短縮効率化されたような日々のなかで過ぎ去ってゆくから、あまえの絶対量が足りんような気がしてくるんよ。

ついこの前まで自分だけをかわいがってくれたのに、弟や妹ができてからは、その機会がグッとへってしまった。それを敏感に察知して、「もう少しのあいだ、わたし（ぼく）をかわいがってよぉ」と言わんばかりになるんやね。

10年以上も前の話になるが、ぼくの上の子（お姉ちゃん）は、四つぐらいのときに突然、赤ちゃん返りしたかのようにムリを言い出しました。二つ下の息子《ぼうず》がチョコチョコ動き回り出したころだったと思います。たしか、クリスマスシーズンでした。

あのときは絵本というよりは、ちょうどいい長さの読み物の『ペンギンハウスのメリークリスマス』（斉藤洋・作　伊東寛・絵　講談社）を読んであげました。娘からは何度も「もう一回」と言われ、その度に読みました。

そして、２ヶ月ぐらいがたったときのことです。ある日、わが家に帰ると、きょとんとした弟をコタツのわきにすわらせて、お姉ちゃんがこの本を読んでいました。

それからというもの、娘の赤ちゃん返りはウソのようにおさまっていったんやね。たぶん、お姉ちゃんとしての自覚がほんの少し芽ばえたんやと思う。

上の子には、下の子が寝た後などに絵本を読んであげるのがいい。

読んでいるあいだは、しっかりあまえさせてあげられるように、すこし長めのストーリーのものがいい。何度その絵を見ても、心がなごんだり、ホッとするほどに気にいった絵本なら、なおさらいいやろうね。

『こんにちは　たまごにいちゃん』

ISBN978-4790251194

Book-Size:Body

¥1,260

下の子の成長にもよるけど、読み重ねるうちに、親がビックリするほどの心の成長をみせる。わが娘《こ》ながら、たかだか２ヶ月ぐらいで、こんなにしっかりするもんかと驚いたくらいやからね。

もしもたった今、父親としてのぼくがそんな状況なら、まちがいなく読みたい絵本がある。

それは、10年以上前にはこの世に出ていない絵本で、『こんにちは　たまごにいちゃん』（あまやまただし著　鈴木出版）である。

この絵本は『たまごにいちゃんシリーズ』の3作目にあたるもので、たまごにいちゃん誕生のエピソードが描かれている。お父さんやお母さん自らが赤ちゃん返りしたような気持ちになって、時間をかけてゆっくり読んであげたとき、後日、わが子にどんなサプライズ！　が起きるか、楽しみでしかたないんじゃないかなぁ。

Q18 もっと話のながい絵本を読んでぇ！▼『イソップ物語』などで、親と子の語り合いの時間を

4歳のころから読んでいる絵本ではもの足りなくなってきたから、今度は、たくさん文章が入った絵本を読んであげようと思っているのですが……

ぼくんちのところは、お姉ちゃんが小学一年生の冬休みぐらいやったと思うけど、「もっと長いやつ読んでぇ」と言ってきたから、「よっしゃ、ほな長いやつな」という感じで読んだ。

まずはじめは『イソップ物語』。つづいて、『アンデルセン童話』→『グリム童話』→『日本の神話』→『日本のむかし話』→『とんち話』→『宮沢賢治の著作』の順で読んでいった。

さらに、『世界名作童話』→『ギリシャ神話』→『インディアン＆エスキモーたちの智慧《ちえ》話』→『天国と地獄』→『落語ネタ噺《ばなし》』の順で読み、あげくには「週刊マンガ（当時はドラゴンボールが流行っていた）を、身ぶり手ぶりをまじえて語ってあげた。

なにもきっちり1冊ずつ読んだわけじゃなくて、子どもたちが眠たそうだったら、「ほな、きょうはここまで……」と一ページ読んだだけで切り上げることもあった。

あるときは、話のオチを変えて遊んだこともあった。たとえば『おやゆび姫』のオチ（王子さまと出逢うシーン）をこっそり『白雪姫』や『シンデレラ』のオチにすりかえて語ったりした（笑）。子どもたちは「今日のオチはおもろかった」とか、「今日のはもうひとつやったなぁ」とか寸評（？）してくれたから、子どもの方が遊びにつき合ってくれてたのかもしれへん。

子どもたちは一度耳にしただけで、ちゃんとストーリーを覚えていて、ビックリすることが何度もあった。こういう能力は思いもよらない効果を生みだして、人前でしっかり主張するようになったし、自発的にものを選んだり、広い視点をもって物事を考える思考幅がずいぶん伸びたと思う。

親のいいかげんな性格が幸いしたんやろうね。というのは、「もっと長いやつ読んでぇ」と言われても、絵本の文章の量には、さほどこだわらなかったんよ。それよりも、絵本によって親子の会話が広がるのを楽しもうと思った。

せやから、こだわったのは絵本の文字量ではなくて、親子一緒にいるときの内容量、つまり、ふれ合いの時間量といえるだろう。

人間ならだれしもが持つ愚かさを戒《いまし》めるイソップ物語を読んだとしようか。

たとえば『ありとキリギリス』。下の息子《ぼうず》が、

「ありみたいに、ずっと働きつづけるって、人間はムリやわぁ。だって、肩がイタくなったり、腰イタイって、大人はすぐ言うてるもん」

と言えば、ぼくが、

「ほんまやのぅ、がははは」

と返す。そうしたら、お姉ちゃんが、

「キリギリスさんは、バイオリンが大好きやってん。だから、ありさんみたいに働いているヒマがないの。あぁいうことができる人が、バイオリンだけでメシ喰えんねん」

と、言いえて妙の話をして、親と子の語り合いに発展する。

こんなことが、子どもたちの心には、メチャクチャ栄養になるんやねぇ。

なお、ほとんど毎日毎夜、絵本を読んであげている人もいるだろう。

そのように日々の生活の中に絵本の時間が組みこまれると、必ず良いリズムが生まれる。

一日の起承転結の起となる朝に目を覚まし、そのあとは親と子それぞれに承や転となる出

来事があり、一日のシメとして、親子ともに結となる絵本にふれ、眠りにつく。

欧米の家庭では、暗黙の了解として、朝はお母さんが子どもとふれる機会が多く、夜はお父さんの方に比重が傾くようになってるけど、あれはナイスやね。一家の生活の中に良いリズムが流れていて、ナイスゲームで勝った野球のチームみたいに、家族全員が一丸《いちがん》となる雰囲気があるんよね。

日本の家庭でも生活の中に絵本の時間が組みこまれるだけで、それに近いことが起こる。こういう雰囲気をもっている家庭なら大丈夫。わざわざ文字量が多い絵本を読んであげようとしなくても、親子が一緒にすごす時間は密度の濃いものとなっていくから……。

Q19 もうすぐ一年生▼『はじまり　はじまり』（荒井良二・著）がひらく〝人生の幕〟

幼稚園の卒園式がすんで、もうすぐ小学生になります。でも「なんかコワイから、小学校に行きたくない」と言っているんですが……


昔は、近所にめんどうみの良い小学生のお兄ちゃんやお姉ちゃんがいると、一緒に遊んでくれたから、な～んとなく小学校って「こんな感じかなぁ」というニオイを感じとれた。

でも、今は、年長組は年長組同士、一年生は一年生同士で遊ぶ子が増えた。

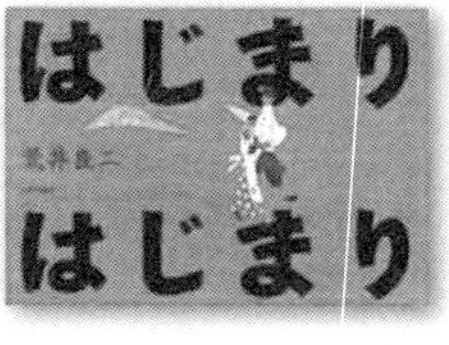

『はじまり はじまり』
ISBN978-4893090805
Book-Size:Body
¥1,733

せやから、幼稚園や保育園を卒園してから、はじめて小学校に登校するまでは、環境の変化によるとまどいが緩和しにくいと思う。

それに、今の園児は、ちょっと遊びにいって帰ってくると、大人のマネして、「ちかれたぁ～」と言ってる気がする。

人生、はじまったばっかりで、何がつかれたや。朝、服に着がえるだけで、つかれてしもうて、これからの人生、どないすんねん(笑)。

まぁ冗談はこのくらいにして、はじめて小学校に通う当日の朝や、その翌朝、または、はじめての運動会や遠足のとき、それとも、気持ちのいい朝を迎えたときに、「さぁ、はじまり」という空気だけでも感じとってほしいもんである。

そんなとき、ちょうどいい絵本がある。

絵本界のノーベル賞といわれる、リンドグレーン記念文学賞を受賞した荒井良二氏の『はじまり はじまり』(ブロンズ新社)である。

この絵本の主役は〝幕〟である。

ページをめくるたびに、幕があがり、いろんなステージが展開する。

それは、桜が咲くころか、一年が明けるころか、それとも……。あたかもステージに上がったわが子が〝人生の幕〟を開けるかのようである。

そして、最後のページが最高にいい。

つまり、ひとつの最後を迎えるということは、ひとつのはじまりを迎えるっちゅうことや。逆に、ひとつのはじまりを迎えるっちゅうことは、ひとつの最後を迎えにいくということやね。

これは、親の代が終われば、わが子の代がはじまるようなもんやからね。

願わくば、子どもの人生の幕が上がったとき、客席からその輝く姿を見たいもんやなぁ、親として……。そんな姿を見たら、グッとくるもんがあって、涙がほほをつたうかもなぁ。

Q20 ひな祭りや子どもの日に▼『わたしのおひなさま』(内田麟太郎・作)、『げんきにおよげ　こいのぼり』(今関信子・作)…

来年、娘が7歳、息子が5歳になります。秋には、ふたりそろって七五三となりますが、それまでに、春夏秋冬、季節感のある絵本を読んであげたいのですが……

かつて、日本《やまと》の民《たみ》、つまりわれわれのご先祖様は、一年の節目節目で、五節句《せっく》や二十四節気《せっき》というものを味わっていたんやね。

もし今の時代に、それらをきっちり味わって一年をすごしている人がいるなら、そのお家《うち》は先祖代々、おそろしいほどにかたい絆《きずな》で結ばれてきたはずや。

なにもそこまではいかなくても、わが子が保育園や幼稚園、小学校に通っていれば、いろんなものを持って帰ってくるよね。

五節句のうちのひとつ、一月七日にはカルタや凧《たこ》。三月三日には、折りがみで作った雄びなや雌びな。五月五日、つまりゴールデンウィーク前には、新聞紙で折ったかぶと、紙で作ったコイのぼりなど。七月七日には、七夕の短冊《たんざく》、九月九日には、おつきみやだんごの絵など、これらを目にすることで、みなさんも四季折々の風情《ふぜい》を感じているだろう。

日々の生活におわれていると、季節の節目、つまり節句などの風習を忘れがちになるが、わが子が持って帰る〝その名残り〟を目にしたら、いまいちど日本古来の情緒を、親子で味わうチャンスだと思ってほしい。ここでは、そういうときに役立つ絵本を紹介したい。

まずは、一月七日。これは、一年のはじめにめぐってくる五節句のうちのひとつで、人日《じんじつ》という。まぁ、七草粥《ななくさがゆ》を食べる日といったほうが通りはええやろうね。

『七ふくじんとおしょうがつ』(山末やすえ・作　伊東美貴・絵　教育画劇)。

この絵本は、お正月気分のさなか、昔の人たちが日々の生活の中からいろんな形で編み

『わたしのおひなさま』
ISBN978-4265069521
Book-Size:Body
¥1,260

『せつぶんだ　まめまきだ』
ISBN978-4774604961
Book-Size:Body
¥1,260

『七ふくじんとおしょうがつ』
ISBN978-4774604954
Book-Size:Body
¥1,260

だしてきた〝福寄せ〟という儀式や作法の意味をしっかりと感じることができる。

次は二月三日。二十四節気のうちのひとつ、節分である。ちなみに節分とは、節（立春）の分かれ目（前日）のことをいう。

『せつぶんだ　まめまきだ』（桜井信夫・作　赤坂三好・絵　教育画劇）。

この絵本は、節分を迎えた家族の一日を描いているが、魔となる鬼を祓《はら》うことの意味や、わが子の健康などを願う親たちの心内《こころうち》がジンジンと伝わってくる。

次は三月三日、上巳《じょうし》の節句、別名は桃の節句である。『わたしのおひなさま』（内田麟太郎・作　山本孝・絵　岩崎書店）。

この絵本では、古い慣《なら》わしである〝流し雛《びな》〟が紹介されている。娘のゆく末を気づかった母の手で折られたお

『ぎゅっとだっこ七五三』
ISBN978-4265069996
Book-Size:Body
¥1,260

『ねがいぼし かなえぼし』
ISBN978-4265034956
Book-Size:Body
¥1,260

『げんきにおよげ こいのぼり』
ISBN978-4774604985
Book-Size:Body
¥1,260

ひなさまが、きれいな川に流される。そのとき、川に棲《す》んでいるおとうさんカッパは、なにやらワケありのようで、流し雛の力を借りようとする。裏表紙《うらびょうし》までしっかり見せてあげたい一冊だ。

次は五月五日、端午の節句。

『げんきにおよげ　こいのぼり』（今関信子・作　福田岩緒・絵　教育画劇）。

この節目を迎える男の子たちに、日本《やまと》の民は、どんな願いを織りこんだのか。それをしっかり感じられたなら、いつでもわが子の心にこいのぼりが舞いあがる！

次は七月七日、七夕である。

『ねがいぼし　かなえぼし』（内田麟太郎・作　山本孝・絵　岩崎書店）。

梅雨まっさかりのシーズンに、もしも天の川が見えるほどの星空を一望できるという幸運を授かったら、ぜひとも野外で、この絵本を読んであげよう。天の川の下《もと》で『ねがいぼし　かなえぼし』。一生忘れられない思い出になるだろう。

以上、五節句のうちの四つにくわえて、節分の日に読んであげたい絵本を紹介した。あっ、あと、十一月十五日の七五三には、『ぎゅっとだっこ七五三』（内田麟太郎・作　山本孝・絵　岩崎書店）で、わが子の成長を願ってほしい。

これらの絵本を読みながら、ぜひとも、日本古来の風習にこめられた人々の願いにふれてほしい。

それこそ、日本《やまと》の民が、われわれ親子に残してくれた情緒《たからもの》なのだから……。

Q21 母の日や父の日に▼ママとパパからは『あいしてくれてありがとう』（宮西達也・著）

いつも小生意気なことばかり言ってる娘なんですが、母の日に、手作りのプレゼントを渡してくれて……。そのお礼に何かプレゼントをしてやりたいと思っているのですが？

似ても似つかぬ（!?）似顔絵や、慣れない手つきで一生懸命作ってくれたんだろうなぁと感じさせる一輪挿《ざ》しや灰皿……。けっして上手とはいえない出来ばえなのに、ジーンと

『あいしてくれてありがとう』
ISBN978-4591105665
Book-Size:Body
¥1,260

する親バカぶりに、自分でもあきれてしまう人も多いやろうね。

そんなとき、タイトルからしてグッとくる絵本がある。

この本の装丁を手がけてくれた宮西達也氏の**『あいしてくれてありがとう』**（ポプラ社）である。

まさに、こんなふがいないお母さんを「あいしてくれてありがとう」とおきかえたくなるようなタイトルである。


お母さんが、そう信じこんで心をこめて読んだなら、かならずや、その心意がわが子に伝わるだろう。お返しには、もってこいの絵本や！

この絵本は、大人気の『ティラノサウルスシリーズ』の第7弾で、ひとりぼっちのパウパウサウルスとティラノサウルスの心の交流を描いている。

そして、物語が進むにしたがって、宮西氏本人が、どんな人に出逢っても、「あいしてくれてありがとう」と常に感じているのではないかと思わずにはいられない。

この絵本の魂《たましい》に心をゆさぶられるのは、子どもだけではない。お母さんお父さんまでもが目にいっぱいの涙をためて、読んでしまうかもしれんのよ。

親にとって、わが子は何ものにも変えがたい、ひとつの絶対存在である。

わたしたち親が在《あ》ったから、この瞬間、わが子という命の塊が在る。

これを絶対存在という。

愛し愛されて、お互いに「ありがとう」と感じ合える親子ほど強い絶対存在はない。

何十年かのち、わたしたちがこの世を去ったとしようか。

よぼよぼの肉体は、さっさと燃やされて灰になるしかないけど、わが子の心の中には、絶対存在として宿る。「そそっかしいオフクロ」とか「どうしようもないオヤジ」として、確実に生きつづけるだろう。しかも、メタボリック体質（!?）までもがわが子に受けつがれて、肉体の一部として存在するんよね(笑)。

この絵本の中には、夜空に輝く星が描かれている。

そのひとつひとつの星こそが、命《いのち》である。

これらは、ティラノサウルスシリーズすべてに登場するが、そこには命に対する作者の強い念《おも》いがこめられているにちがいない。

ぼくとしては、これからもブックドクターとして、ことあるごとに、いろんなところで、この絵本を読ませてもらおうと思っている。

母の日や父の日にかぎらず、敬老の日や大切な人の誕生日でもいい。それとも、だれかの結婚式や、何かの記念日でもいい。いや、命をそまつにしようとしている誰かさんに対してでもいい。

こんな関西弁のダミ声でよければ、何度でも読ませてもらいまっせ。

こう思うワケが、この絵本を手にしたみなさんには、わかってもらえると信じてうたがわない。

第5章【Q&A—児童編Ⅱ】

優しさとたくましさを育むために、読みたい絵本

ぼくのまわりにも
『ピーボディ先生』のように、
訓《おし》えを垂《た》れてくれる
大人がいて、
ほんまよかったと思う。
ピーボディ先生には、
すべての子を等しく愛そうという
意志の強さを感じる。

Q22

からだが大きくなる女の子▼『いのちのおはなし』（日野原重明・文）で感じる生命の鼓動

10歳の娘から、「ママ、いのちってなに？」とたずねられたのですが、うまく答えられません。なにかいい方法はありませんか？

ぼくも五、六年生の女の子たちから、「いのちって何ぃ？」とよくきかれる。

今までペッタンコだった胸がふくらんできたり、保健体育の授業で生理のはなしを聞いて、「命そのものって、いったいなんだろ？」と感じるんやろなぁ。

たとえ子どもの質問であろうと、あまりにも深い問いかけだから、哲学者でも一言で語ることはできないだろう。

じゃあ、どう答えるかというと、ぼくなら、そやねぇ、すぐには結論を出せへんわなぁ。まずは、こんなやりとりから、はじめるな。

「いのちっていうのは……。その前に、こっちから、たずねさせてーなぁ。これは何やろ？」（と言いながら、黒板消しを持つ）

すると、子どもたちは「黒板消し」と答える。

「そうやねぇ、これは黒板消しやけど、じゃあ、〝いのち〟って、この黒板消しみたいに、目に見えるものかなぁ？　今までに、いのちを見たことある人？」

こうたずねると、子どもたちは「見たことない」とか、「ひとだまを、マンガで見たことある(!?)」と、口々に言う。

「そやねぇ、オレも見たことない。でも、いのちを見た人は、地球ができてから今まで、誰ひとりとしておらんから、安心してーな。ただ、人間のいのちを支えてる〝心臓〟が見える職業の人たちはいるよね。誰やろ？」

「お医者さん」

「そやなぁ、お医者さんは人間の病院でも、動物の病院でも、心臓を見るわなぁ。さぁ、そこでや。心臓がどこにあるのか、その位置はカラダのある部分をつかうと、わかるんやけど、それってなに？」

しばらくすると、「あ、わかった。耳や」と言う子や、「手や。手をあてたら感じるもん」と言う子が、ちゃんといる。

「そのとおり。耳や手をつかえば、ドクンドクンっていう音や動きとか伝わってくるから、心臓のだいたいの位置がわかるわなぁ」

そう言うと、子どもたちはうんうんとうなずく。

「ほな、みんなにもう一回きくでぇ。いのちは、どないしたら感じそうや？」

子どもたちは口々に「耳ぃ」や「手ぇ」と言う。そこで、ぼくはこう言う。

「そうや。いのちっていうのは、目に見えんから、口で答えを教えてもらって、すぐ『ハイ、わかりました』っていうほど、簡単にわかるもんやないねん。耳をつかって、いのちの音を聴《き》いたり、手や肌からいのちのぬくもりを感じて、だいたいこういう感じなんやろなぁーって、わかってくるもんなんや。せやから〝いのち〟っていうものは、これからの長い人生を通して、少しずつ自分なりにわかっていけば、ええねん。それが、あきちゃんの答えとさせてもらうわぁ」と。

最後は、みんな目をキラキラさせて、うなずいてくれる。

『いのちのおはなし』（日野原重明・文　村上康成・絵　講談社）。

この絵本では、95歳（刊行当時）の日野原氏が、子どもたちに向けて、メッセージを贈っている。まさに長年にわたって、たくさんの〝いのち〟と向き合ってきたお医者さんによる文章だが、それをはじめて目にしたとき、「あぁ、オレが今まで子どもらとやりとりしたことは、ぜんぜんまちがってなかったんやなぁ」と安心するとともに、その奥深い内容に衝撃を受けた。

村上康成氏の絵も最高にいい。村上氏の手による絵本はいくつもあるが、そのなかに『山のおふろ』（徳間書店）

『いのちのおはなし』
ISBN978-4062137935
Book-Size:Body
¥1,365

『キング牧師の力づよいことば』
ISBN978-4337062412
Book-Size:Body
¥1,575

『おたんじょうびのひ』
ISBN978-4860850425
Book-Size:Body ¥1,260
お母さんが教えてくれた「ぼく」が生まれたときのこと

がある。ここには、ぼくの魂《いのち》にささる、メッチャ好きな子どもの表情の絵がある。

せやから、日野原氏と村上氏のコンビというのはサプライズだし、さらに奥付《おくづけ》を見てもサプライズ！　装幀界の巨匠・平賀甲賀氏が装幀を担当してるんよね。

ぼくのダミ声で読んでも、子どもたちはいのちの奥深さをちゃんと肌で聴いて、耳から感じとっている。そして、これまた、子どもたちからは、いくつもの衝撃的な表情をもらえるんよね。

こんな絵本なので、人生ではじめて年男・年女になる小学六年生の誕生日に贈ってあげるのもいいだろう。

でも、もしも、「（いのちに関する絵本を）もう一冊！」とねだられたときには、たまには太っ腹になってみて（?）、『おたんじょうびのひ』（中川ひろたか・文　長谷川義史・絵　朔北社）や、『キング牧師の力づよいことば』（ドリーン・ラパポート文　ブライアン・コリアー絵　もりうちすみこ訳　国土社）なんか、いかがかな。

親子でしっかりといのちのぬくもりを感じとれますから……。

Q23

学級委員に推せんされて…▼しりごみする子には『たいせつなこと』(ブラウン作)

クラスメートから頼りにされてるので、そのうち学級委員になるんだろうなと思っていたのですが、いざとなると弱腰に……。こんな息子の背中を押すには、どうしたらよいでしょうか?

しりごみするにはいろんな理由があるだろうけど、なかには心の深い部分で悩んでいる子もいる。いきなり絵本で対処するレベルを超えている場合があるので、親としては注意してほしい。この質問は、慎重に取り扱わなあかんバカラの高級グラスみたいなもんや。

わが子が学級委員とかクラブのキャプテンとか、人の先頭に立つ役割をあたえられそうになると、親はついついうれしくなって、受けさそうとする。親バカさん(!?)やと、よけいにその傾向が強いわな。そら、しゃあない。そらしゃあないけど、わが子にとってはしゃあないではすまされないほど、心の中でパニックがおこってるんやな、これが。

子どもなりに、まわりの期待感を自分の皿では受けきれないと本能的に感知しているが、それを頭が分析したり解明してくれない。そうなると体が防衛本能をはたらかせて、モジモジしたり、目から涙をあふれさせたりする。ここのところをよく理解してあげないと、とりかえしのつかないキズを残しかねない。

それぐらい、この問いかけは心の深い部分を付随させてるんよ。

とくに小学校の高学年ともなると、文字どおり親身になって、心の支えになってあげやなぁ。大役を引き受けるプレッシャーという海に、親も一緒に飛びこんで、二、三日ともに泳いであげるくらいの強い気持ちがないと。

『たいせつなこと』
ISBN978-4577022887
Book-Size:Body ￥1,260
身近な日用品から雄大な自然まで……ひとつひとつのものにとって、「ほんとうに大切なこと」ってなんだろう?

その後、一生に数回しかやってこない千載一遇のチャンスで、しりごみしてしまう。

実際、うちの息子《ぼうず》も小三のとき、しりごみする傾向があった。そのときとったのは、うちの家に代々伝わる(?)ある種の処世術「失敗をこわがらなくする方法」。

これはカンタン。次から次に失敗して帰ってきても、そのつど「ええ失敗をしてきたのぅ。またひとつ学んだなぁ」とか、「そうか、また失敗したかぁ。せやけど、今回の失敗したやり方は、これからはもう使わんでもええって判《わか》っただけでも、また一つ賢くなったやんけぇ」と言うだけ。二年弱ぐらいの期間だったけど、失敗してもけっして怒らないようにしたんやね。

そして、六年生のころには、「今度、オレ、みんなから選ばれて、○○することになってん」と、いろんな任されごとを率先して引き受けていた。

そのころになって、ようやく大切なことに気がつき始めたなぁと感じたので、読んであげた一冊がある。

日本でも息を吹き返したアメリカの古い絵本だが、そのタイトルは、文字どおり『**たいせつなこと**』（マーガレット・ワイズ・ブラウン作　レナード・ワイスガード絵　うちだややこ訳　フレーベル館）である。

いかにもアメリカらしい広大さを感じさせる絵本で、これを読んだあとの息子の一言はいまだに耳について離れない。

「そうか、ぶっちぎりのオレでええんや」

メッチャ、うれしそうな顔して言うてた。

今度は大人になったアイツに読んだら、どんな顔するかなぁ。楽しみ楽しみ。

Q24 外でワルさを…▼『ピーボディ先生のりんご』（マドンナ作）が伝えるメッセージ

どうも学校で何かワルさをやらかしたようなんです。こんな息子が正直に告白したり、改心するようにしたいのですが……

ぼくもガキのころは、何十回、何百回とワルさをしてきた。

ときには、親、学校の先生、友だちに、とりかえしのつかない言葉をはいて、傷つけてきた。今、思えば、ただのバカ者である。

せやから、ワルさをやらかした子の気持ちは、メッチャわかる。

『ピーボディ先生のりんご』
ISBN978-4834250473
Book-Size:Body
¥1,995

『ピーボディ先生のりんご』（マドンナ作　ローレン・ロング絵　村山由佳・訳　集英社）。

この絵本に登場する「ピーボディ先生」のように、ぼくのまわりにも訓《おし》えを垂《た》れてくれる大人がいて、ほんまよかったと思う。

最後のページに書かれている作者からのメッセージのように、ピーボディ先生には、とりかえしがつかないワルさをした子も、ほんのささいなワルさをした子も、すべての子を等しく愛そうという意志の強さを感じる。

とくに20ページと28ページの訓えを垂れるシーンは、グッとくるものがある。そして、「おしまい」というページの左側に描かれた絵には感動する。

縫いあわされた枕のアップ、その横に赤いりんご一つ。窓の向こうにはピーボディ先生と子どもたち。その子どもたちの中に、あのやらかした少年が……。

大切なことを言うだけの大人はたくさんいる。でも、ほんとうのピンチのときには、だれもいないかもしれない。ピーボディ先生は、ほんとうに大切なことは、一緒にそばにいて、心から心に伝えるものなんだよというメッセージを送っているように思える。

この絵本は、とりかえしのつかないワルさをした子にも、ほんのささいなワルさをした子にも、すべての子どもたちの良心に響く、逸品中の逸品である。

Q25

お盆はパパの田舎へ▼『おじいちゃんの ごくらくごくらく』（西本鶏介・作）

何年かぶりで、パパの実家へ帰省することになりました。めずらしく、家族そろってお墓まいりをするので、子どもたちとのふれ合いを大切にしたいのですが……

お盆の時期になると、おじいちゃんから授かった小咄《こばな》しを思い出す。

「ええか、お盆のときはのぅ、海に入りに行くなょ。ご先祖様が還《かえ》ってきてるときに、家のそばにおらんと、バチがあたりよるからのぅ。

なんで、そないに言われてきたかというと、わしが思うんは、海の中には、供養してもらえん他人神《よそがみ》がおってのぅ。ご先祖様が子孫を守りきれんほど、水の中にいる他人神の力《ちから》が強いんやと思う。おまんのようなガキんちょなんぞ、かんたんに、海の底まで引っ

『おじいちゃんの　ごくらくごくらく』
ISBN978-4790251415
Book-Size:Body
¥1,260

ぱって行きよるからな。大人でも、ちぃーともお墓や仏壇に手を合わせとらん者《もん》は、他人神のえじきになって、命をおとすことがあるからのぅ。

せやから、お盆のときは、お灯明《とうみょう》たいて、家のそばでおとなしゅうしとき。そうしとるだけで、ご先祖様のご利益が授かると言われとる。このご利益のことを冥利《みょうり》というんじゃが、まぁ冥利は、人間ごときには見えん。

だがなぁ、仏壇に手を合わせ目をひらいたとき、お灯明ならぬ、お灯冥の火が楽しそうにゆれたり、火が急に大きゅうなったりしたら、ご先祖様がたいそう喜んでおられるおしるしやと言われとる。そのとき、冥利を授けてくださったと思っとき」

おじいちゃんは、こんな小咄しをいくつもしてくれた。ありがたいことである。

さて、たまにお父さんやお母さんの実家に帰省して、孫を前にクシャクシャな笑顔になるじぃーじやばぁーばの健在な姿を見るのもいいけど、ご先祖様の供養という意味合いからすると、今は亡きひいおじいちゃんやひいおばあちゃんがこんな話をしてくれたとか、あんなことがあったとか、わが子を前に昔の思い出話をするのもええんとちゃうかなぁ。

子や孫やひ孫がわいわいお喋りをする――。

こんなとき、ピッタリの絵本がある。

『おじいちゃんの ごくらくごくらく』（西本鶏介・作 長谷川義史・絵 鈴木出版）。

本書では二度目の登場となる絵本だが、自分のおじいちゃんやおばあちゃんの記憶を残しているお父さんやお母さんも、生まれたときには、すでに極楽へ往《い》っていて仏壇の脇にかかっている写真でしか顔を見たことがないというお父さんやお母さんも、なつかしい感じがする絵本だろう。

そして、ひいおじいちゃんやひいおばあちゃんが生きていたら、「こんな感じだったのかなぁ」と、わが子は思いをめぐらせるだろう。これはつまり、ご先祖様を偲《しの》ぶという行為の意味を体で覚えていくようなもんやからね。

お盆やお彼岸や命日に、仏壇の前で、わが子に絵本を読むなんて、親冥利につきるんとちゃうかなぁ。

「おつぅなもんじゃのぅ」と、仏壇の向こうからご先祖様が喜ばれ、何よりの供養になったりして……。

Q26

ボクのせいで…▼失敗して泣きじゃくる子には『かえるくんにきをつけて』(五味太郎・著)

野球でエラーをして、チームは負け。悔し涙をこぼす息子をなぐさめたいのですが……

小学4年生のとき、同じクラスにカッコつけ少年がいた。

何をするのも、人の目を意識しているかのようなしぐさを残す。ドッジボールのボールを投げるたびに、首をふって髪をかき上げたり、ゲタ箱に右手をつきながら腰に左手をあててクツを履きかえる。授業中に発言するときは、左手を机にそえながら、「先生の質問に答えさせていただきます。その答えは〝2と1/3〟しかありえないのですが」と目をふせながら言う。ぼくはいつも「おまえは近藤正臣《まさおみ》かぁ！」って、ツッコんだ(笑)。

そんなカッコマンA君だが、運動会のリレーでのこと。ぼくは2人を抜いて、彼にバトンを渡した。カッコマンA君は途中でバトンを持ちかえようとして、お手玉……。バランスをくずしてコケてしまった。すぐに立ち上がって走ったけど、ビリで次の走者にバトンを渡した。その直後、「ぼくのせいだぁー」と大声で泣いていた。

カッコマンA君にとって、まさか自分が原因で負けるなどとは考えてもいなかっただろう。その機嫌のわるさは、一週間ぐらいひきづっていた。

『テレビくんにきをつけて』
ISBN978-4032271706
Book-Size:Hand
¥840

『とまとさんにきをつけて』
ISBN978-4032271508
Book-Size:Hand
¥840

『かえるくんにきをつけて』
ISBN978-4032271607
Book-Size:Hand
¥840

こんなことは、なにもカッコマンA君だけじゃなく、どんな子どもにも、いや、どんな大人にだって、いつ何どきにふりかかってくるか、わからない。

意外なことは、意外なときに、意外に多く起こるのが人生なのだから……。

子どもだからといって、その厳しい現実と向かい合って次につなげることこそ、精神《こころ》の修養ってもんだろう。

親としては、悔しがって泣きわめいている姿を目にしたら、ただ静かに見守るしかない。ただ、気分が少し落ちついたころ、次のような絵本を読んであげてほしい。

『かえるくんにきをつけて』『とまとさんにきをつけて』『テレビくんにきをつけて』（以上、偕成社）、**『くまさんホームラン！』**（絵本館）。

これら4冊は、すべて五味太郎氏の著作である。

かえるくん、とまとさん、テレビくんの言動はどれも個性的で、意外性とユーモアに満ちている。しかし、3

『くまさんホームラン！』
ISBN978-4871100441
Book-Size:Body
¥1,260

人といつのまにやら、子どもたちの目の前から通りすぎている。まるで、意外なことは意外と長続きしないものさ、と言わんばかりに。

　これらの絵本を読んだあとに、たとえば次のような言葉をそえてあげると、ちゃんと心に響くと思う。

「この、かえるくんタイプの、予想しなかったことが起こったんじゃないかなぁ、おまえは。今回のことでどこを気をつけなきゃならないか気がついたはずだから、かならず良い結果となって返ってくるさ。それは意外に早いかもな」

　また、『くまさんホームラン！』は、あっと驚く意外性を発揮した主人公だけではなく、「ボールくん」の気持ちを味わえるのが、これまた意外である。一ページ一ページ、ボールくんの位置が変わることで、天気、スピード、風、草木のニオイなどを感じられる。

　その絵を見ると、「よーし、今度こそ」という感じで、ポジティブな何かがムクッと起きあがるんやないかなぁ。

Q27

戦争について知りたい▼『おしっこぼうや』（ラドゥンスキー著）が教える平和の大切さ

アクションもののアニメやドラマに熱中する息子なんですが、せめて終戦記念日（8月15日）には、戦争の悲惨さや、平和の大切さについて考えてほしいのですが……

わが国は世界で唯一、原爆を落とされた国である。毎年8月には広島、長崎で追悼式が行われ、この地球上で二度と原爆が使用されないようにと平和を祈る。

戦争のおそろしさは、一部の達観者《たっかんしゃ》をのぞいて、人間を鬼に変え、鬼たちの狂気の沙汰《さた》が人間の尊厳を奪ってしまうことにある。

いま「一部の達観者をのぞいて」と言ったけど、この達観者のなかに、たくさんの物語を体のなかに宿す人がいる。こういう人たちは、どのような戦渦《せんか》に巻きこまれても、物語を語って、つまりストーリーテラーとなって、人々の夢や希望が失われないようにする。

かつてヨーロッパを回ったとき、ベルギーの首都ブリュッセルに寄ったことがある。そのとき、ベルギーでは有名な『しょんべん小僧』の言い伝えを聞いたんよね。

それは、あるちっちゃい子が、おしっこをひっかけて戦争を止めた、というものだった。

そしたら何年かのちに、『**おしっこぼうや**』（ウラジーミル・ラドゥンスキー著　木坂涼・訳　セーラー出版）というタイトルの絵本が出版された。

『おしっこぼうや』
ISBN978-4883301447
Book-Size:Body
¥1,575

この絵本も、宝物的に大好きな一冊だけど、その想いが強すぎるんやろうかねぇ、人前で読ませてもらう気になかなかならへん。なんか、ぼくだけの絵本にしときたいんよね。

最後の方のページの絵を見ると、「平和がもどると、みんな、こんな顔になるんやなぁ」と強く感じる。

ヨーロッパは地つづきで国と国が戦い合う歴史を繰り返してきたから、戦争というと、どうしても暗くてウェットな感じになるもんだけど、なーんとなくさわやかな感じが読後感として残る。とにかくたまらん一冊です。ハイ。

みなさんが知っている戦争ものや平和ものの絵本のなかに、よかったら、この一冊もくわえてみてくだされ。

おしっこも使いようによっては、平和のためになることがわかりますよってに。

Q28

パパが落語好き▼わが子も声に出して『落語絵本シリーズ』（川端誠・著）

落語にハマっているダンナが「このおもしろさを娘に伝えたい」と言っているのですが、何かいい方法はありませんか？

ぼくも落語はメッチャ好きやぁ。

でも、そのおもしろさや奥行きの深さを味わえるようになったのは、30代の前半ぐらいやったと思う。さらに、人間国宝である桂米朝《かつらべいちょう》さんの筆頭弟子・桂ざこばさんや、名噺《はなし》家とうたわれた今は亡き桂枝雀《しじゃく》さんの一番弟子・桂南光《なんこう》さんらと出逢ってからは、上方落語にとどまらず江戸落語にもはまり、柳家小三治《やなぎやこさんじ》さんともめぐり逢う縁を授かった。今となっては、遠征のお伴《とも》として落語はかかせへん。

落語の小噺《こばな》しは、絵本とリンクする点が多いから、ごっつい学んだ。たとえば、「初天神《はってんじん》」という同じネタであっても、5人の落語家が高座にあがると、「初天神」の5つの味に腹をかかえる。

これを絵本の世界におきかえると、たとえば『にゃーご』（宮西達也・著　鈴木出版）という絵本（ネタ）を5人の読み手が読むと、やっぱり5通りの『にゃーご』があるわけ。

ただ、ちがう点は、落語家のみなさんは、絵本を手に持っていない。師匠から口伝で受

『じゅげむ』
ISBN978-4906379804
Book-Size:Body ￥1,260
じゅげむじゅげむ　ごこうのすりきれ　かいじゃり……

『おおおかさばき』
ISBN978-4861010873
Book-Size:Body ￥1,260
江戸南町奉行・大岡越前のお裁きやいかに？

けついだお題を耳や肌で吸収し、オチなどを練りに練って自分のものにする。その言魂を客席むいて飛ばすもんやから、お客さんの耳には言魂が入りこんで、頭の中にハッキリと画《え》が視《み》えるんやね。

いつやったか、笑福亭鶴瓶《つるべ》さんが何十年かぶりに落語を披露するというので観にいったけど、声がかすれるほど笑わせてもらった。テレビで見るときと落語家のときでは、まったくちがう。こうも笑いの質を変幻自在にあやつれるもんかと心底、感動した。

なにも、お父さんだけとはいわず、近くで寄席《よせ》がひらかれると聞いたら、わが子を連れて家族みんなで、お出かけくださいな。ええ、思い出になるから……。

絵本作家にも落語にハマってる人は何人もいるけど、その中のひとりに、落語のネタを版画に彫って、絵本に仕上げる作家さんがいる。その名は、川端誠さん。

今や、その数、十三冊。『落語絵本シリーズ』（クレヨンハウス）として刊行しているが（これからもまだまだ刊行するだろう)、やっぱ、おもしれぇー!

なかでも、ぼくがもっともお世話になっているのは、この2冊である。

ひとつは『じゅげむ』。

もうひとつは『おおおかさばき』。

ぼくが読むと、どちらも15分ちょっとはかかるんだけど、その間はチョビッとだけ落語家になった気分を味わえるのが、メッチャ気持ちいい!

落語好きのお父さんはもちろんだけど、まったく興味なしのお母さんも、川端さんが魂こめて一彫り一彫りした絵と文が織りなす落語絵本を声に出して読めば、カラオケ行って発散するより、ストレス解消になるかもしれない。だって、元々これらのネタは奥行きが深いから、そりゃ声に出して読めば、何かしらの刺激があるわなぁ。

そんな〝気持いい〟光景を目にしたわが子は、どうなるやろうね。

「お父《と》んやお母《か》んばっか、ズルい」とか言い出して、「今度はあたしが!」と、声に出して読みはじめるんとちゃうかなぁ。

Q29

クラスに好きな男の子が！▼『どきっ！ 恋するってこんなこと』（宮西達也・著）

10歳になる一人娘は、幼いころは「パパとデートしたい」とか、マセたことを言ってましたが、最近では、そんなことをほとんど口にしません。でも、なにやら様子がヘンなんです……

どこの小学校に行っても、6年生ぐらいになると、女の子っていうよりもおんなって感じがする子が多いよなぁ。ぼくより背の高い子もいるしね。そらぁ、カワイカワイで娘を育ててるお父さんは、ヘンなムシがつかないかと気が気でないわなぁ。

ほんで、なにも娘にかぎらず、息子にしても、ある日、はたと、恋の気配を感じるときがあるんよねぇ。

かといって、親としてはそっと見守ってあげるしかないけど、ときには〝悩める心〟をもみほぐすような絵本を読んであげるのがええんとちゃうかなぁ。

『どきっ！ 恋するってこんなこと』（岩崎書店）。

『いとしのウルトラマン』（学研）。

これは二冊とも「達っちゃん」こと宮西達也さんの著作である。

一冊目の絵本は、なんと、オスのおおかみとメスのぶたさんに恋が芽ばえるのだが、食う側と食われる側の垣根をまったく感じさせないストーリーになっている。

『あらしのよるに』シリーズ（全7巻）
ISBN978-4069362477
Book-Size:Body　¥10,290
「あらしのよる」をきっかけに芽生える不思議な友情とは?

『いとしのウルトラマン』
ISBN978-4052010385
Book-Size:Hand
¥998

『どきっ！恋するってこんなこと』
ISBN978-4265069033
Book-Size:Hand
¥1,050

恋が芽ばえるシチュエーションが次々にせまってきて、その都度「うん、そうそう」って心にクルものがあり、クライマックスも最高！

「やるやん、おおかみ！」

中学1年生当時、わが娘《こ》が発したこの一言は、今でも忘れられない。

二冊目の『いとしのウルトラマン』は、ウルトラマンを主人公にコメディタッチになっていて、思い出すだけで、がははと笑える場面がいくつもある。とくに、ウルトラマンしか持っていないカラータイマーが……(笑)。

女の子も男の子も恋したときは舞い上がって、自分でも何をしているのか、わからない。〝恋は盲目〟って言うもんなぁ。

この絵本は、そんなドキマギ感を描いていて、恋心をわかっているお父さんやお母さんにも共感する部分が多いだろう。

『天使のかいかた』
ISBN978-4652009017
Book-Size:Hand　¥1,050
犬も猫も飼えないわたしが授かったものとは?

『あなたはそこに』
ISBN978-4838714636
Book-Size:Hand　¥1,000
恋愛詩とイラストのコラボが生み出す、美しく、せつない感動

『はっぴぃさん』
ISBN978-4033312804
Book-Size:Body　¥1,365
どんな願いごともかなえてくれる「はっぴぃさん」を探しに、ぼくらは……

ちなみに宮西氏は「きむらゆういち氏」とコラボでも絵本を出している。その「きむら氏」が文章を書いた『あらしのよるに』（きむらゆういち・作　あべ弘士・絵　全7巻　講談社）。すでにご存じの方も多い絵本だろうが、この機会に読んでみてもええんとちゃうかな。

あっ、あと荒井良二氏の『はっぴぃさん』（偕成社）もいいかもしれない。

もし、わが子が中学生になったら……。ほんとはおしえたくないんやけど（?）、まっ、いいか。『あなたはそこに』（谷川俊太郎・詩　田中渉・絵　マガジンハウス）。

高校生になったら……。これも心の本棚に大切にしまってある絵本だけど、『天使のかいかた』（なかがわちひろ・著　理論社）。

クリスマスシーズンになったら、『サンタのおばさん』（文藝春秋）。この絵本の文章は、のちに直木賞作家となる東野圭吾氏、絵は『散歩の時間』（晶文社）の杉田比呂

『サンタのおばさん』
ISBN978-4163205403
Book-Size:Hand ¥1,400
なぜサンタクロースって「おとこ」ばかりなの?

美氏というコンビの一冊である。

まだまだあるけど、恋に関する絵本の紹介はここまでね。つい絵本に恋してるもんやから、口がすべった。

あっ、ちがうな。ペンがすべったんやな。

最後に特別に、プレゼント。ただし自分で見つけてもらいたい。

かの有名な哲学者ジャン・ジャック・ルソーが『エミール』（上中下　岩波文庫）の中巻（第4編P234、7行目）に恋の名文を書いているので、名文に恋してる方はどうぞ。

Q30

ハッピーバースデー▼『ニャッピーのがまんできなかったひ』（あきひろ作）

まもなく娘は8歳になります。同級生たちをよんで、お誕生日会をすることになりました……


ぼくも親のはしくれなので、わが子の誕生日を忘れたことはない。

いや、たとえ嫁はんの誕生日は忘れても、わが子の誕生日を忘れないようにと、こんないいかげんなオヤジのぼくに、神様が、上の子と下の子を同じ日付けにして授けてくれたのかもしれない。そのおかげで、どんなに助かっていることやら……。

さらに助かったのは、いろんな物があふれる中で、わが子たちは物ではなくて、食物《もの》を求めてくれたことやね。目が飛び出すほどに高価なテレビゲームやパソコンではなく、年に一度、わが子の誕生日には、家族で、お気に入りの焼肉をお腹一杯食べにいく。つまり食い気に走ってくれたのである。

お店まで行く車中では、学校での出来事を話しながら、アンデルセンやグリムの童話について話したり、流行りのマンガをイソップにからめたりと、物語ひとつでワァーワァーもりあがる。それは、これからも続くであろう、わが家の一大イベントである。

みなさんの家庭でも、個性的なイベントが行なわれてるんとちゃうかなぁ。

そこに、おじいちゃん、おばあちゃん、そして、親戚のおじさんやおばさん、近所の同級生とかママ友たちが参加すれば、なんともにぎやかで、〝ワァーワァー度〟の針はふりきれてしまうやろなぁ。

こういうとき、お父さんやお母さんは、その場が自然とお開きの空気になるまで待つしかない。でも、そうなったときこそ、わが子をはじめとするみんなの前で、絵本を読んでみるのがいいと思う。

ふだんとはちがう雰囲気、つまり、ほどよい緊張感の中で絵本を読むだろうが、子どもたちは子どもたちで、そういう雰囲気の中で絵本の世界に入ってゆくだろう。

こういう場づくり（シチュエーション）こそ、親から子へ贈る最高の誕生日プレゼントであるばかりか、思い出という人生の贈り物になるのである。

また、なにも大人数による誕生パーティーでなくてもいい。家族だけによるお祝いで、バースデーケーキのろうそくに火を灯すときに、キャンドルストーリーがてら、数分で終わる絵本を読んであげるのもいい。読んだあと、「ハイ、おしまい。ハピバースディトュユゥ……♪」と歌って、わが子に火を消してもらうのも、おつぅなもんだろう。

だったら、どんな絵本を読んであげたらいいの？　という声が聞こえてきそうなので、一冊だけあげさせてもらおうかなぁ。

『ニャッピーのがまんできなかったひ』
ISBN978-4790251453
Book-Size:Body
¥1,260

といっても、これまで申し上げてきた通り、親がわが子のために、自分で選んだ絵本だったら、かならずや、わが子の心に届くものになることをお忘れなく。

さて、そこで、その一冊は、とても照れくさいのだが、ぼくの絵本で、『ニャッピーのがまんできなかったひ』（あきひろ作　もも絵　鈴木出版）である。

この絵本は、ブックドクターとして日本中を飛びまわれるきっかけを作ってくれたので、思い入れはひとしおなのだが、ぼくのヘタレ文に息吹を吹きこんでくれた「ももさん」の絵を見ると、ほのぼのとした気分になる。

この絵本には、子どもたちみんなに、一生を通して、「笑顔を忘れないでほしい」という念《おも》いをこめさせてもらった。

誕生パーティーの席で、主人公のニャッピーは知らず知らずの間に、誕生日を迎えたミドリちゃんや、他に招待されたピンクちゃんやブルーくんという、その場にいるみんなに、ある贈り物をしてしまう。

それは、あたかも誕生パーティー真っ最中で盛りあがり、大爆笑しているわが子の姿と重なるだろう。

日本の神話の中にあるように、笑い声には、いったん心を閉ざした天照大御神《あまてらすおおみかみ》に対しても、自らの手で天《あま》の岩戸《いわと》を開けるキッカケをあたえるような御力《パワー》があるんやね。

考えてみれば、われわれ親も、わが子の笑顔からパワーをもらっているのかもしれん。それが見たい一心で、一生懸命になるもんやし、「よし明日から、またいっちょ、がんばって働くかぁー」って気にさせてもらってるんよね。

そういうお父さんやお母さんへのエールをこめて、この絵本の5ページ目から最後のページまで、知らず知らずに、ある生き物が誕生日に花をそえにきているので、お楽しみに……(笑)。

第6章【Q&A—両親編】

ママやパパがこんなときは、どんな絵本がいいの？

T.Miyanishi & Akihiro

晩年になって人生をふり返ったとき、
「そういや、昔、あいつと一緒に縁側で、
よう絵本を読んでたなぁ」とか、
「あっという間にデカくなりやがって!」と
思えたなら、すでに息子は、
ええ男（父親）に
なってるんとちゃうかなぁ。

この章では、お母さんやお父さんのさまざまな心理状態に焦点をあてたい。家庭でも職場でも、女性が個人の意思を主張できる時代になった。といっても、自立心おう盛なお母さんたちはまだまだ少ないと思う。そして、お父さんたちでさえ、悩みや苦労から逃げて、心のもろさをだす場面が多く見られるようになった。わが子の成人式の晴れ着姿を見るためには、労働基準法スレスレで働き通すことをしないといけない。こんな時代の中で、わが子を想い、親子がふれ合う時間に、たった一冊でもいい。親と子の心に共通のストーリーが宿る絵本のすばらしさを味わってもらいたいと思う。

この章をキッカケに、「いっちょ、絵本でも読んでやろうか?」と思っていただくだけでも幸いです。それでは、はじまり、はじまり。

Q31

いそがしいママ▼ほんの5分のつもりで『ゆうたくんちのいばりいぬ』（きたやまようこ・著）

共働きなので、とても絵本を読んであげるなんて時間がとれないのですが、どうしたらいいでしょうか？


働きに出ているお母さんは、ほんま大変やと思う。

わが子のちょっとしたしぐさや問題行動などを見るたびに、「家にいてあげていないからかしら」と、引け目を感じたり、不安になるだろう。

そう感じつつ、かぎられた時間の中で夕食を作ったり、洗濯や掃除をしているのだから、まさに毎日が時間に追われているような感覚である。

そんな日々の生活《くらし》のなかでは、なかなか絵本を読めないのは無理もない。

なんせ、時間がないいんやから。

そこで少し考えてほしい。

実は、わが子に絵本を読んであげることは、別にかしこまるようなもんじゃない。

テレビをつけるように、絵本をもって開くだけ。もっと言うと、シャワーをあびるようなもんや。服を脱いでシャンプーして、顔や体を洗って、その日一日の汗を流して、きれいさっぱりする。いくら時間がないといっても、シャワーを浴びる時間くらいは、あるやろうからね。

また、同じご飯を食べるのでも、みんなで一緒に食べたほうがおいしく感じられるように、おフロに入るのも家族全員で一緒につかったほうが心が安らぐってなもんやろ。あれと一緒。

絵本も、一日の生活の中で、親と子が一緒に見るほうが楽しいのである。読まなあかんと思う必要はない。

これは、わが子が幼なければ幼ないほどいい。

将来、こういう時間のない生活の中で絵本を読んでもらった子は、親のほうが腰をぬかすほどの孝行息子や娘になったりするから不思議なもんである。

しかも、シャワーをあびるほどの時間で読み終わってしまう絵本、つまり10分以内で読める絵本でも、この効能は充分に働く。

そこで、一度だまされたつもりになって、ぜひとも読んでほしい絵本がある。

『ゆうたくんちのいばりいぬ』（きたやまよう子・著　あかね書房）。これは、保育園や幼稚園で人気の絵本シリーズだが、ミニ絵本の3冊セットも出ている。その一冊一冊

『ゆうたくんちのいばりいぬ』
ミニ（3冊セット）
ISBN978-4251902252
Book-Size:Hand　¥1,575
シベリアンハスキー犬じんぺいの声に耳をかたむけよう

は、たとえゆっくり読んだとしても、5分とかからない。

あと、宮西達也氏の『おとうとのおっぱい』（教育画劇）もいい（167ページ参照）。おためしあれ！

Q32 ご機嫌ななめのママ▼むりやり絵本を読むのではなくて…

自分でもわかってはいるのですが、ついつい子どもに八つ当たりをしてしまいます。どうしたらいいでしょうか？

親も人間である。ちょっとしたことで機嫌がわるくなる。まぁ、それが人間らしいっちゃあ人間らしいのだが、まだまだ未熟といえば未熟やろうね。

ちょっとしたことで、ご機嫌をささえてくれてる心柱《こころばしら》が、なななななめに傾くんやね。

そんなとき、少なからずではあるが、気分転換のきっかけにと、わが子に絵本を読もうとするお母さんがいるのだが、何があろうと、やめていただきたい。

たとえ読んだとしても、もっと機嫌がわるくなるような一言をわが子から言われるのがオチである（笑）。

機嫌がわるいときは、けっして絵本を読まない。いくらわが子が目を輝かせて「ママぁ、これ読んでぇ」と言ってきてもである。

「もぅ、こんな気分のときにかぎって、かわいらしい顔して言ってくるんだもんなぁ」と思って、むりやり読んでも、機嫌のわるいなかで読んだその声は、いつものやさしい声の響きとはちがう。子どもの耳には不快音のように響き、いつものようにストーリーの世界にどっぷりつかれない。

せやから、親がムカッ！　とくるようなひと言を発してしまうわけや。

だったら、こういうときは、どうしたらいいのか。

それは、絵本を読むのではなく、見るのである。

たとえば、こんな感じである。

「今さぁ、ママ、あることがあって、ちょっとご機嫌ななめなのね。ほんとうは読んであげたいんだけど、こんな気分のときはいつもの声が出ないの。だから今日はママと一緒に、この絵本の絵をじっくり見ようよ」

そして、ただだまって、ゆっくり一ページずつめくってあげればよい。

すると、それまで見落としていた一本の花の絵を指さしてくれたり、お気に入りのページにさしかかると、親そっくりの口調で読んでくれたりする。そのあどけない言動に、思わずプフッて吹きだすこともあるだろう。

これは、機嫌のわるさの根っこに、わが子がヒビを入れてくれたようなもの。

つまり、一緒に絵本を見たおかげで、〝機嫌のわるさ〟を忘れたのである。それはほんの一瞬の感情で終わるかもしれないが、これをきっかけに、親の心にはどれだけのゆとりが生まれることか。

絵本の効能は、なにも読むだけで生まれるのではない。一ページ一ページの絵を見るだけで、本来の効能が働く。絵本は、機嫌のわるさにヒビをいれてくれたり、心の窓を開いて空気の入れかえをしてくれたりと、ご機嫌の心柱をななめからたてに修復してくれるんやね。

男親として自分の経験を話すと、ご機嫌がよろしゅうないときに、わが子と一緒に見た絵本をふりかえると、『おふろやさん』（西村繁男・著　福音館書店）がある。

この絵本の銭湯の光景からは、人々の営《いとな》みのニオイのようなもんが感じとれて、なにやら、なつかしいような、なごやかな気分になって、ホッとするんやね。

また、犬も喰わぬ夫婦ゲンカをしたときは、リュックに絵本を入れたのち、愛する単車ゼファーにひとりまたがって、秘密の絶景ポイントまで飛ばす。

ここは、朝日が昇るとき良し、昼間の街なみの向こうに広がる海良し、夕焼けにそまる茜空《あかねぞら》良し、夜空に輝く星空良しと、これだけでもご機嫌になるポイントなのだが、ある絵本をリュックからとりだす。

『わくわくするね』（五味太郎・著　教育画劇）。

この絵本の中の、想像の世界にいざなってくれるロケットなどの絵を見ると、過去に味わったいろんな気持ちよさと相まって、ルンルン気分となったもんや。

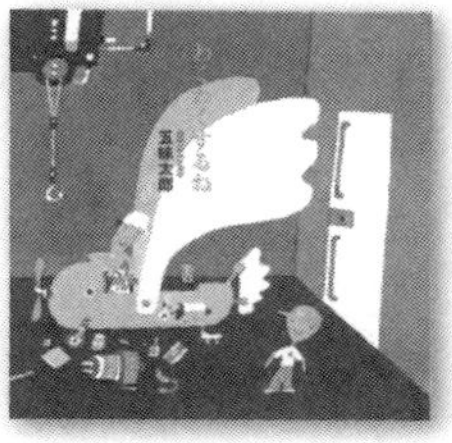

『わくわくするね』
ISBN978-4774610672
Book-Size:Hand
¥1,050

『おふろやさん』
ISBN978-4834009620
Book-Size:Body
¥840

みなさんには、できるだけご機嫌ななめになってほしくないが、もしそうなった場合は、絵本を見て、できるだけ早く心柱を修正してほしい。

ななめの心柱は自分の健康にも良くないが、何よりの害悪は、子どもにあたえる影響だ。

わたしの心柱がななめになっていたら、わが子の笑顔の花がひとつ消えていく——。

そうならないよう、たった一冊でもいいから、絵を見るだけでご機嫌になるような、自分だけの絵本を見つけてほしい。本屋さんの絵本コーナーに足を運んでいると、ある日とつぜんめぐり逢えますから、そんな一冊に。

この節のシメとして、もう一度言うとこかな。

親のわたしが機嫌がわるくなったら、絵本を見よう！

Q33

カゼをこじらせて▼『あしたのぼくは…』(みやにしたつや著)の不思議なパワー

体調をくずして、ゆっくり休みたいと思っても、子どもがなかなか横にならせてくれません。どうしたら、よいでしょうか?

ぼくがガキのころは、大人たちは元気やったねぇ。実のおやじはもちろん、近所のおっちゃんおばちゃん、駄菓子屋のおばちゃん、文房具屋のおじちゃん、酒屋のおっさん、魚屋のおやじなど、カゼで寝こんでいるという話は、ほとんど耳にせんかった。

でも、今はちがう。どの家庭にも冷暖房エアコンがあって、一年中、20℃用の体になっているやろうからね。つねにカゼぎみの人が多い。

ちゅーことは、子どもは「なーんだ、大人だって、めちゃくちゃ体弱ぇーじゃん」とか、「うちのオヤジなんか、あそこがイテぇー、ここがイテぇーって、しょっちゅう言ってってから、運動会の親子競争なんて、ぜってぇームリだよ」となるわなぁ。今の親たちは「大人って、やっぱスゲぇーなぁ」っていう姿を見せてやれてないね。

それはともかく、体調をくずしたときは、ゆっくり静養するのがベストだが、子どものいる家庭では、なかなかそうはいかない。

そこで、「（心の静養になる絵本が）あるにはある」と前置きをした上で、一冊の絵本を紹介したい。

『あしたのぼくは…』（みやにしたつや著　ポプラ社）。

この絵本には、お母さんたちの母性をサポートする効能があると思う。

お母さんが体調をくずしたとき、自分に言い聞かせるように読んでもいいし、せめてなにか一冊はわが子に読んであげないと横にならせてもらえそうにないときに、読んでもいい。読んだあとは、たとえ15分であってもグッスリ寝られることもあるし、元気のない声で読んだことがしっかりわが子に伝わるから、「ママを休ませてあげよう」となるかもしれない。

『あしたのぼくは…』
ISBN978-4591093689
Book-Size:Hand　¥819
にんじんが食べられない。
でも、あしたのぼくは……

なお、先ほど、なぜ「（心の静養になる絵本が）あるにはある」と前置きしたのか、述べたいと思う。

そもそも、お母さんたち女性だけではなく、お父さんたち男性の心にも、多少の母性は宿っているもんなんよね。もしもお父さんが体調をくずして心が弱っている場合は、お母さんたちの心の質に近づく。つまり母性が出てくるんよね。せやから、ふだんは力強いたたずまいだけど、みょうに涙もろくなったり、何かにつけてジーンと感動するわけや。

この絵本は、そういうセンチメンタルな部分を不思議なタッチでさわってくるんよね。するると、お父さんたちが読んだ場合は、「そうだ、こいつらを食わすために頑張るぞぉー」という具合にテンションが上がりすぎることもあるんよね。

これは、心の静養という本来の主旨からは少しはずれるので、「（心の静養になる絵本が）あるにはある」といったんよ。

それにしても、不思議な絵本やわぁ。著者の心の底にある優しさの種が絵という形になって現れた本かもしれん。それを見ているわれわれの心の中には、善玉菌となって入りこみ、ウイルスをやっつけてくれるのかもしれへんなぁ。

Q34 ズル賢い子に育ったら▼『けっしてそうではありません』（五味太郎・著）

小学6年生、4年生の兄弟なんですが、ふたりとも主人に似て、ズル賢いというか、計算高い性格になっているようで心配です。息子たちの目を覚ます何か良い方法はないでしょうか?

職場でのお父さんやお母さんは、生産性や効率性というものを考えて、仕事をしているやろうね。そして、家に帰ってきても、ついつい、そのような意識のままで子育てをしてるかもしれんよね。

「それはこうしなきゃダメだろ」とか、「ああいうときはそうしなさい」と、口やかましく言ったかと思えば、ちょっとでも何かをサボっていると、怒鳴りつける。しかも、お父さんお母さん、ふたりして。

昔の親は、どっちかが怒ろうものなら、もう片方の親が情けをかけて、「まぁまぁ」とか言いながら、わって入ったもんや。これは一見、あまやかしているように見えるけど、たとえどっちかの親が怒りすぎたとしても、もう片方の親がフォローするから、子どもの心に深いキズは残らんのよ。

しかし、まるで職場のような効率性が最優先される家庭では、「おまえは社会のクズだ」というオーラが発せられる中で、子どもたちは死にもの狂いで生きていくしかない。

気がつくと、六年生になる子どもが、わたしたち親よりも計算高い物の考え方をしていても不思議はないわなぁ。

血のつながったお父さんから「ダメだダメだ」と言われつづけた娘や、お母さんの理想像を押しつけて、「これが将来あなたのためになるのよ。だから今は辛抱してでも、お母さんの言うことを聞いてなさい」と言わんばかりの中で育った息子は、つねに親に不信感をもつ。不安ばかりが先立ち、猜疑心《さいぎしん》を募《つの》らせ、まわりの大人に対して敵対心を宿らせる。

『けっしてそうではありません』
ISBN978-4774607306
Book-Size:Hand
¥1,050

そうなると、尊敬する大人が誰ひとり存在せずに、誰とも目を合わせなくてすむように、下を向いて歩くのがクセになる。もの言わぬ犬や猫などに、あたりちらすかもしれん。

小学校低学年までは、かろうじて、みんなの前でほほ笑んでいたものの、卒業するころには、「あいつが大笑いしたところを見たことがない」という子どもになったとしても、おかしゅうないねん。

そうならないためにも、これだけは心得てほしい。

会社では効率オンリーでもしかたないが、いったん「ただいま」と家に帰ってからは、頭も心もスイッチを切りかえてほしい。家の中の明るさを守りたいお母さん、家族みんなの笑顔が絶えないように護《まも》りたいお父さんであってほしい。

おっと、かんじんな絵本の紹介を忘れるとこやった。

『けっしてそうではありません』（五味太郎・著　教育画劇）。

この絵本は、こり固まった頭や心に対して、ダイレクトに作用する。物事の解釈はけっしてひとつではなくて、「いろいろあるんやなぁ」と視野を広げるキッカケになるだろう。

また、何事も効率オンリーで考えてしまう頭に対して、「ん？　ちょっと待てよ、ひょっとして、何かワナが……」という具合に、物事への注意力を喚起する働きをみせるだろう。

もし、わが子の一言に、度を越える計算高さを感じたり、兄弟姉妹の会話にズル賢さを感じたら、ぜひとも親子一緒に読んでほしい絵本である。

Q35

クリスマス▼わが子のゆく末に思いをはせながら、プレゼント絵本をステキなイブの夜となるように、ママから大切なメッセージを贈りたいのですが……

クリスマスシーズンになって、本屋さんをのぞいてみると、サンタクロースものだの、トナカイものだの、ほんま、ありとあらゆる絵本が並んでるわなぁ。

でも、ちょっと考えてみてほしい。そもそもこの国に絵本というものが存在しなければ、プレゼントのひとつとして、〝絵本〟を思い浮かべることはないよね。

われわれと同じように地球上で生きていても、絵本というものの存在を知らずに、一生を終える人がたくさんいるっちゅうことを忘れたらあかん。幸いにも、われわれは絵本がたくさんある豊かな国に生まれたんや。

　といっても、今の日本はバカ豊かさのなかで、自分というかけがえのない存在でさえ、者《もの》ではなくて、物《もの》として扱う大人たちであふれかえっている。

　少々きつい言い方になるかもしれないけど、みなさんにはこう申しあげたい。

　クリスマスだからこそ、血のつながった大切なわが子に、どんな絵本を贈ってあげたらいいのか、自分で考えられないような親になったらあかん。

　というわけで、この節ではあえて具体的な絵本の紹介をさけるが、お母さんが気にいって選んだ本を、たとえば次のように言いながら、わが子に贈ることはできるはずや。

「お母さんも、あなたたちも、そしてお父さんも……、みんなかけがえのない命を宿しているのよ。それは、これからも決して忘れてほしくないわ。

　一年に一度のクリスマスだけど、今日という日も、かけがえのない大切な一日《もの》なの。そんな、今日という日を、あなたたちと一緒に健康ですごせるなんて、ほんとに感謝してるの。そんな思いを、この絵本に感じたから、今から読ませてね」

　この想いを親子で共有しながら、一緒にすごす時間《とき》ほど、貴重なものはない。のちに親は親で、子は子で人生をふりかえったとき、この一瞬《ひととき》ほどの思い出はないだろう。

　クリスマスイブの夜に、テーブルにキャンドルを灯し、わが子のゆく末を念《おも》い、読ませてもらった絵本は、かけがえのない物語《もの》として、わが子の心にも、親の心内《こころうち》にも残る絵本《もの》となる。

ぼくは、強くこう念《おも》っている。

「すべての感情《こころ》は絵本《ここ》に在《あ》る」と。

この念いは、ブックドクター道の創始者として、未来永劫《えいごう》、変わらない意志《もの》である。

すべての親は、
わが子のためになる絵本を選ぼうとするのではなく、
わが子に必要な絵本を選ぼうとするのでもなく、
わが子にとって意味のある絵本を選ぼうとするわけでもなく、
わが子は自分の子であるという自覚をもって、
念いをこめて手にした絵本を読ませてもらったとき、
どんな絵本も、わが子にとってかけがえのない絵本《もの》になる、
のである。

Q36 ナヨナヨした子に育ったら▼『だいじょうぶ　だいじょうぶ』（いとうひろし著）

ママもパパも、教育のことになると、ついつい熱くなってしまいます。それが子どもの負担になったんでしょうか。ナヨナヨした子に育った気がします……

「来年度から幼稚園に通わせたいんだけど、A幼稚園は英会話が充実してそうだしぃ、B幼稚園は体操教室がおもしろいってウワサだしぃ、どっちに行かせたらいいのかしら？」「私立中学に行かせたいから、小学生になったらさっそく塾に通わせないと。ほかにも、野球がうまくなるように、リトルリーグにいれたい！」

このように恵まれた教育環境を整えてあげようとしているのに、「なんであんなにナヨナヨした子になったのかしら？」「なんであきらめが早い子になったんだろう？」などなど、あるとき、わが子の姿にがく然とすることがある。

なんでこうなるかというと、楽しいという感覚が芽ばえていない幼ない時分に、レベルの高い教育を押しつけようとしたからだ。

また、夫婦間の意識がわが子におよぼす影響もあるだろう。

お母さんだけでなく、お父さんも教育熱心。でも一致しているのは教育熱心なところだけで、ふたりの言うことは百八十度ちがっていたりする。子どもはどちらの言うことを聞いていいのかわからない。だけど、幼ないながらも頭をフル可動させて、ふたつの接点を見出そうとするだろう。

しかし、次から次に押しよせてくる〝言うこと〟に頭が追いつかず、心がグチャグチャになる。

それはまさに、心の許容量を越えた水が、ドボドボとこぼれ落ちていくようなもの。あげくには、心はオーバーヒートして、ただ途方にくれるばかりで、無気力な子やあきらめが早い子になる。

そうならないためにも、わが子の心は何リットルの許容量が入る器なのか、親としてちゃんと計《はか》ってあげてほしい。

『だいじょうぶ だいじょうぶ〈大型版〉』
ISBN978-4061323353
Book-Size:Body ¥1,365
ぼくとおじいちゃんが毎日散歩に出かける、そのときに……

もちろん、その器を満杯にしたらあかんよ。自動車でいうところのハンドルやブレーキの遊びのように、つねに一杯の状態にならないように配慮してあげてほしい。それほど、子どもたちの心はもろいものなのである。

『だいじょうぶ　だいじょうぶ』（いとうひろし著　講談社）。

この絵本をいちど読むと、日常の会話で「大丈夫」という言葉を耳にするたびに、心のスクリーンに向かって、この本の絵や言葉が飛びだすような錯覚にとらわれる。

それは、思いもよらない効果を生み出して、わが子にはもちろん、お母さんやお父さんにも、心の余裕や遊び心が出てくる。

そうなると、親と子の心がひとつになる瞬間が生まれるのである。

この絵本は、日本中の子どもたちを前に読みつづけてきたが、あと十年もすれば、その子たちが親となり、今度は自分の子どもに読んであげるかもしれない。そうすれば、この世は『だいじょうぶ　だいじょうぶ』の恩恵を授かった親子であふれる。

そのときである。この一冊のおかげで、北の大地で育った親子と南の島で育った親子が、「こんな（人間関係の）希薄《きはく》な社会なんぞ、どこ吹く風よ」と言わんばかりのすばらしい出逢いを果たすのではないかと思うと、今からワクワクする。

どうせ、わが子の教育で熱くなるなら、ウキウキするような念《おも》いで、熱くなろう！

Q37

ママとパパがケンカ！▼2冊の絵本に、ふたりの思いをたくして…

夫婦ゲンカばかりしている毎日です。こんなママとパパでは、子どものことをとやかく言える資格はありません。仲のよいママとパパに戻るには、どうしたらよいでしょうか？

夫婦が仲むつまじく、笑い合っている姿――。

わが子の心にとって、これほど栄養となる贈り物はない。

せやけど、現実はうまくいかんわなぁ。

たとえば、わが子の将来のことでじっくり話したいと思っても、ダンナがヘロヘロの状態で帰ってくるから、嫁はんは、かいつまんで要点だけを話そうとする。すると、ダンナには、たいしたことのない内容として伝わるやろうね。

それがのちには、「あのとき、ちゃんと言ったじゃない！」と言う嫁はんと、「いんや、なんにも聞いとらん。こんなバカ高い金額になるって一言もいわんかった」と返すダンナ。これがキッカケとなって、言った言わないの小ぜり合い、押し合いへシ合いがはじまる。

昔から「夫婦ゲンカは犬も喰わぬ」というが、このケンカは「犬も喰わぬ」にもならんわなぁ。ケンカするほど仲がいい夫婦ちゅうのは、愛すればこその不満をぶつけ合うもんなんよ。せやから、腹の中がカラッポになるくらいまですべてを吐き出すと、お互いがバカ

『うちのかぞく』
ISBN978-4418047178
Book-Size:Hand　¥1,000
うちのかあちゃんが怒ったら……うちのとうちゃんが怒ったら……こう歌ってみても楽しいよ!

『おとうさんのえほん』
ISBN978-4871101158
Book-Size:Body　¥1,260
人間だけじゃない。この世界には、いろんな「おとうさん」がいるね

らしくなって、フフッと笑ってしまう。それでさっさと仲直りというわけや。

言った言わないの小ぜり合いは、どっちの言い分が正しいか正しくないのか、まるで正誤の秤《はかり》にかけようとするもんだから、あかんのよ。その土俵でお互いがののしり合ったら、主導権《イニシアティブ》のとり合いにしかならない。

思いきって日頃から抱いている、愛すればこその不満をぶちまけて、腹の中をスッキリさせんと。

結局、どっちかに体力の限界がくるまで、ののしり合いを続ける。そうなると、中途半端な気持ちのままフィニッシュをむかえるので、お互いに悶々《もんもん》としたものが残る。すると、まだ今回の件が解決していないのに、ちがう原因で小ぜり合いをするようになる。

ついにはヒートアップして、どっちかが、日ごろ相手が気にしていることを持ち出す。その一言で、お互いの心はキズまるけ。そうなるともう、泥仕合《どろじあい》やわぁ。

とまぁ、子どものことをとやかく言う前に、まずは夫婦仲をとり戻したいと思っている人には、ぜひとも試みてほしいことがある。

それは、年に一度のお互いの誕生日のとき、そっと絵本をプレゼントしてあげてほしいのである。ちょっと小粋に「愛してる」をモジッた一言メッセージを、最後のページにはさんだりして……。

嫁はんからダンナさんに——。

大切な贈り物として、白羽の矢を立てさせてもらうのは、『おとうさんのえほん』（高畠純・著　絵本館）。

そして、ダンナさんから嫁はんへのプレゼントとしておすすめしたいのは『うちのかぞく』（谷口國博・文　村上康成・絵　世界文化社）である。

どちらの絵本も、言いすぎてゴメンと思いながらも、ツッパッてしまう夫婦の心内《こころうち》をときほぐす効能があり、夫婦間の絆《きずな》を呼び戻してくれるだろう。

その絆は、わたしたちの宝物であるばかりか、子どもにとっては何ものにも代えがたい宝物である。

Q38 親子の思い出にI▼パパが読みたい『おとうさんはウルトラマン』シリーズ（みやにしたつや著）

何十年か後には、たくましく、頼もしいパパになるように、息子には成長してほしいのですが、そんな子の心にいつまでも残るような絵本はありませんか？

何年か前に友人の家に遊びに行ったんやけど、トラ皮の敷き物がテーブルの下に敷いてあった。そのガラを見て踏んだとき、フッと「あぁ、ガキのころ、木の回りをトラがグルグル回って、バターになってしまう絵本を読んでもろたなぁー」と思い出した。そのときはじめて、40年ほど前に読んでもらった〝あの絵本〟が自分《ぼく》の体の中にひっそりと棲《す》みつづけてくれたんやなって、気がついた。

せやから、いま絵本を読んで、わが子の心に何かを残してやろうと意気ごむのではなくて、何十年か後、ふとした折に、どういう絵本が思い出として残っているか、「あいつの口から聞けるかも」と思っておくぐらいが、ちょうどええと思う。なんせ、そのころのぼくらは昨日のことさえ、もう覚えてへん可能性が高いからね(笑)。

晩年になって人生をふり返ったとき、「そういや、昔、あいつと一緒に縁側で、よう絵本を読んでたなぁ」とか、「あっという間にデカくなりやがって！」と思えたなら、すでに息子は、ええ男（父親）になってるんとちゃうかなぁ。そして、息子がガキのころに大好き

『おとうさん・パパ・おとうちゃん』
ISBN978-4790260653
Book-Size:Body　¥1,155
ほかにもいろんな呼ばれ方があるよ、お仕事中の「パパ」には

『おとうさんはウルトラマン』
ISBN978-4052007330
Book-Size:Body　¥1,229
残業のできない(!?)ウルトラマン・パパはえらい

『とうちゃんはかんばんや』
ISBN978-4774606644
Book-Size:Body　¥1,365
とうちゃんの仕事、ぼくは大好き!

だった絵本を、今度は親として読む姿を見ると、その姿に、かつての自分の姿を重ね合わせられると思う。

そんな晩年を迎えられたら、至福の極みやろなぁ……。

まぁ、今は、一緒に絵本の世界にひたれる幸せを嚙《か》みしめられたら、もうそれだけで充分なんとちゃうかなぁ。

そんな人生の一瞬《ひととき》に、お父さんが主人公だったり、お父さんのいろんな面を感じられる絵本を、お父さんに読んでもらうのを前提に、ほんのちょっとだけ挙げよう。

『とうちゃんはかんばんや』（平田昌広・作　野村たかあき・絵　教育画劇）。

『おとうさんはウルトラマン』シリーズ（みやにしたつや著　学研）。

『おとうさん・パパ・おとうちゃん』（みやにしたつや著　鈴木出版）。

なお、巻末（164ページ）にも、お父さんに読んでもらいたい絵本を紹介した。それらは、うちの息子《ぼうず》がガキのころに読んだ絵本の一部だが、本のタイトルを目にして、ピーン！　ときた絵本《やっ》をどうぞ！

Q39 親子の思い出にⅡ▼ママが読みたい『やまださんちのてんきよほう』（長谷川義史・著）

何十年か後には、笑顔のすてきな、やさしいママになるように育ってほしいのですが……

お父さんがあれば、やっぱりお母さんもあるよなぁ。

日本各地で講演をしていると、どの会場も90パーセント以上がお母さんだから、1年のほとんどは子育て真っ最中のお母さんとの出逢いってことになるんだけど、元気よくて明るいなぁ！　そらぁ、初めてぼくを見るお母さんは、「なに、このヒトぉ、ほんまに講師やろかぁ？」ってな表情をするけど(笑)、おしまいには、ええ顔してるからなぁ。よぅ、こんなおっさんを呼んでくれるなぁーっていつも思う。ほんま、ありがたいこっちゃ。

お母さんたちは、わが子の前でも、あのようなニコヤかな表情のままでいてくれれば、それで充分なんやけどって思うけど、実生活となると、そうはいかんのやろうなぁ。

子どもが何ぞやらかそうもんなら、一瞬にして笑顔が消えてしまいよる。さらに、ダンナがやらかすと、怒りの針が振り切れる(笑)。それも、子どもでもせんようなことをやらかすと、怒りを通りこして、妖気すら漂う。わが子は「ヤバイ！」と察知してスゥーッとおらんようになる。でも、ダンナは、そういうとこ足りんから、まともに、お母さんのエキサイト・ビームをくらうわなぁ。

こういうときは、二、三日たってから、たった一冊でええから、絵本を読んでほしい。自分のためにゆっくりじっくり読むと、精神《こころ》のストレッチになるから、メッチャ効果がある。そういう二冊をあげとくね。

『みんながおしえてくれました』
ISBN978-4871100373
Book-Size:Body　¥1,155
いろいろと教えてくれるのは、
大人や友だちだけじゃないよ

『やまださんちのてんきよほう』
ISBN978-4871101455
Book-Size:Body　¥1,260
きょうのママのご機嫌は「晴れ」ときどき「雷雨」？

『やまださんちのてんきよほう』（長谷川義史・著　絵本館）。
『みんながおしえてくれました』（五味太郎・著　絵本館）。

このうちどちらか一冊を（べつに二冊でもいいけど）読むと、思わずフフッと微笑んでしまうだろう。

そうやってほほ笑ましい気分になったら、それはもう『やまださんち』や『うちのかぞく』のように、家の中に日が射してきた証拠。お母さんの明るさに家族みんなが照らされる感じがわかると思う。こんな自分になったら、娘さんに何を読んであげてもOK。

これだけは、お母さん方にぜひともわかってほしい。

家の中の〝太陽〟はお母さんなんよ。お母さんが明るいと、家族みんながうまく回っていく。とくに娘っ子さんがそんな明るい太陽の元で育ったら、ほっといても、将来は笑顔を絶やさん、ええ女（母）になる。

これはもう、お母さんのご利益やと思う。「笑う門には福来たる」というけど、笑う門（明るい家庭）には、娘っ子が明るい性格に育ってくれるという福が、不思議と返ってくるんよね。それは人生の冥利ともいうんやけど、どうか、お母さん方、この人生の冥利《みょうり》を、家の中の太陽となって、働かせておくんなまし。

きっと母冥利《おんな》につきる、ええ人生になりますから……。

以上のことを切にお願いした上で、日本中のお母さんや子どもたちの笑顔の花を咲かせる絵本を巻末（166ページ）で紹介した。

ただし、紹介といっても、あえてタイトルだけにさせてもらいます。前節のお父さんのときは「ピーン！　ときたやつを」と申しましたが、今回のお母さんの場合は、タイトルを見て、心惹《こころひ》かれたもの、または、精神魅《こころひ》かれたものを選んでください。

自身で絵本の味わいを噛みしめて、母娘《おやこ》でその絵本を堪能する時間を味わってもらえたなら、ブックドクターとしては何よりもうれしい冥利となります（笑）。

巻末附録

Ⅰ　わが子とのふれあいを深める【パパ・ママ別】読み聞かせ　7つのポイント

Ⅱ　【パパ・ママ別】おすすめの絵本39冊

Ⅲ　ブックドクターは『心の窓』から

Ⅳ　心の栄養となる絵本39冊

Ⅰ わが子とのふれあいを深める【パパ・ママ別】読み聞かせ 7つのポイント

ブックドクターとして、全国をまわったおかげで授かった、絵本の読み方を「読（よ）あそび」といいます（※1）。

この章では、その読あそびをつかって、新感覚の親子ソウルフルタッチ（魂の触れ合い）を味わっていただくために、「7つの心得」をお伝えしたいと思います。

絵本を読み終えたときに、わが子の笑顔が見たい、おもしろいから、もう一度、読んでぇってせがまれたいなど、いろんな想いを胸に秘め、この章を読みすすめてください。

なお、わが子に対して読あそびをはじめる前に、まずは夫婦ふたりで絵本を読み合うのもいいんじゃないかなぁ。

もし、ダンナの読む姿、嫁はんの読む姿で、大爆笑し合えたら、それはもう、こんな心得などいらないに等しいほどの最高の読み手だと思います。

そんなときは、いろんな方法で読み方をアレンジして、お父さんお母さん独自の読あそびを編み出して下さい。

わが子の前で、夫婦ふたりで同じ絵本を読み比べするのもいいんじゃないかなぁ。

そんな両親のあそび心に、わが子の笑顔の花は、きっと満開になるでしょう。

それこそ、まさに読あそびの自然な姿です。

※1

読あそびとは、〝技（わざ）・業（わざ）・術（わざ）〟の集大成であり、ブックドクターとして日本中の子どもたちから数々の笑顔の花束を贈ってもらったときの感覚、「①縁と機会」から始まり、②運、③風と流、④芸、⑤明暗、⑥強弱、⑦浅い深い、⑧間合いと奥行き、⑨表裏、⑩陰陽、⑪矛盾、⑫勘、⑬心の窓、⑭目配りと気遣い、⑮自由と遊び、⑯優劣、⑰雰囲気、⑱天候と声音、⑲静と動、⑳緩みと張り、㉑和みと縛り、㉒暖熱と寒冷、㉓内見と外見、㉔タイミング（早い遅い、調和と調整）、㉕魅力と魅了、㉖創造と想像、㉗表情と感情、㉘堅い柔かい、㉙大小、㉚リズムとテンポ、㉛放出と拡散、㉜開閉、㉝核と芯、㉞真と本当、㉟本物と偽物、㊱嗅覚と触覚、㊲古い新しい、㊳前後左右斜縞、㊴体（からだ）と身（カラダ）、㊵再生と消去、㊶太い細い、㊷遠い近い、㊸点と線、㊹円と球、㊺好き嫌い、㊻最低と最高、㊼最初と最後、㊽笑顔と笑い声、という以上48手から成る、読み手と聞き手をつなぐ〝絵本の処方箋〟を使った読み方である。

【親子で読あそび　心得その1】

✤親自身が好きな絵本を読もう

▼わが子にとっては、自分に良いと思われる絵本を探してもらうよりも、お父さんお母さん自身が大好きな絵本を知らせてもらうほうがはるかに嬉しい

お父さんの場合

幼い頃に読んでもらった、心に残る絵本を読もう

▼お父さんにも、この絵本が大好きな子どもの時代があったんだと伝わる。これは、親子関係にはとても大切なことで、今後、お父さんの別の一面を受け入れようという心の窓ができる

ストーリーが好きなものを見つけよう

▼お父さんの理性に基づいて選んだものは、男の子女の子関係なく、子どもの理性をくすぐる

お母さんの場合

幼い頃から、絵本といえばパッと頭に浮かぶものを読もう

▼その絵本が、お母さんの体になじんでいる証拠。わが子に読むと、自然と「あぁ、お母さんはこの絵本が大好きなんだなぁ」と伝わる

〝絵〟が好きな絵本を見つけよう

▼お母さんの美的センスは、男の子女の子関係なく、子どもの美的センスに直結する

【親子で読あそび　心得その2】

✤読ませて頂く気持ちで読もう▼

絵本を読むときの親の雰囲気はとても大切で、それにやさしさを感じると、親への感謝、思いやりの心などが培われる。たとえ「もう一回読んで」と何回もせがまれても、「読んでやる」という上から目線にならないように

お父さんの場合

今まで「あったかい人だなぁ」と感じた人を思い浮かべよう。もし、その人が読んだらという気持ちで……

▼子どもは、お父さんを通して社会を敏感に察知するため、その「あったかい人」を介して、大人の優しさを感じとる

わが子への想いをこっそりこめて読もう

▼お父さんの読んでいる雰囲気から、敏感にその想いを感じとる

お母さんの場合

今まで「やさしい人だなぁ」と感じた人を思い浮かべよう。子どもの頃にもどった感じで……

▼たとえ、お母さんに読んでもらうことがあたり前になったり、口には出さなかったりしても、「ありがたいなぁー」という気持ちをもちつづける

わが子への願いをひっそりとしのばせて読もう

▼お母さんのそんな願いを、わが子は肌で感じとっていく

【親子で読あそび 心得その3】

✤まくら・サビ・シメで目配りしよう▼

子どもは、読んでもらっている最中の親の目を、これ以上にないやさしい目つきのように感じる。「まくら」となる扉で、絵本のタイトルを読むとき、話がもりあがってゆくサビの部分に入るとき、そして最後に「おしまい」と言いながら、せめて三回は目配りしてあげよう

お父さんの場合

子どもの頃に、海や夕焼けを見た感じで目配りしよう

▼お父さんの目からは〝力〟のようなものを感じとる。壮大な自然を見ているように目配りされると、その絵本に散りばめられた自然観を吸収してゆく

さりげなくチラッと見よう

▼お父さんの目は、わが子にとってパワーがある。チラッと見られるだけでも、充分ピリッとする

お母さんの場合

子どもの頃に、おはじきやお人形さん、星や花などを見た感じで目配りしよう

▼お母さんの目からは〝慈愛〟のようなものを感じとる。キレイなものを見ているように目配りされると、子どもには美意識がやどる

ゆっくりまばたきをしながら見よう

▼普段、お母さんの目からは、やさしさや不安など、いろんな気持ちを感じとる。ゆっくり見られると、やさしさが強調される効果がある

【親子で読あそび　心得その4】

✤ワクワクしながらページをめくろう▼

すでに知っている絵本でも、毎回ページをめくられるたびに〝いないいないばあ効果〟が働く。つまり、親の笑顔とともに、パッとシーンが変わると、子どもにはちょっとした心地よさが生まれる

お父さんの場合

わが子が赤ちゃんだった頃、手の平に乗せておフロに入れたときの、あのやわらかさを思い出す感じで、ページをめくろう

▼お父さんの大きい手、ゴツゴツした手を見ると、子どもは想像力をかきたてられる。毎ページやわらかくめくってあげれば、お父さんのやさしさが伝わる

イタズラ心に近い状態で、次はどんな絵がでてくるかなあと思って、ページをめくろう

▼その茶目っ気ぶりをわが子が見れば、次を見ること、ひいては、未来への期待感をふくらませる芽が育つ

お母さんの場合

わが子が赤ちゃんだった頃のお尻のやわらかさや、あどけない寝顔を見ながらオムツを替えたり、毛布をかけたりした、あの感じでページをめくろう

▼子どもにとって、お母さんの手は、第二の心臓にあたるほど大事なもの。そのため、やさしくページをめくるしぐさを目にすれば、ものを大事にする心が芽生える

今日はどんな反応《かお》をするのかしら、と楽しみながら、ページをめくろう

▼そのワクワク感によって、わが子は絵本の世界にひたってゆく

【親子で読あそび　心得その5】

✤声が出ることに感謝して読もう▼

声を出せる体に生んでもらったおかげで、わが子に絵本を読めるという喜欣（よろこ）びを噛みしめた声は、わが子の〝心の耳〟にしっかりと届く。これが、親の声を一生忘れられない種となる

お父さんの場合

照れずに落ちついて、そのページに合った抑揚をつけて声を出そう

▼お父さんの声からは、深さ、奥行き、広さ、あったかさなどを感じとる。静かな落ちついた声音は、安心感となって伝わる

声音の〝幅〟を使って、お父さんの声を聞かせよう

▼お父さんの声の幅から、話の奥深さを感じとる芽がふく

お母さんの場合

いつもの口調よりゆっくり目で、文章に合った抑調をつけて声を出そう

▼わが子は、お腹の中にいるときから、お母さんの声を聞いている。普段よりゆっくり目で読んだ口調の声音は、かつての心音に近いように感じるため、抱擁感となって伝わる

声音の〝強弱〟をいかして、お母さんの声を聞かせよう

▼お母さんの声の強弱から、自分と他人、過去と未来、夢と現実など、ふたつの距離を図る芽がふく

【親子で読あそび 心得その6】

✤子どもと絵本の距離を大切にしよう▼

いろんなサイズの絵本があるため、わが子の目に絵がとびこむには、このへんがいいだろうという距離を計ってあげよう。この距離は、将来の対人関係に影響をおよぼし、たとえば会話をするときの立ち位置で絶妙の距離を図れるようになる

お父さんの場合

右利きならば、左手で絵本を持って、右手でページをめくろう。小さいサイズの絵本なら、子どもとの距離を近目にして、大きい絵本なら遠目の距離をとろう。そのページの絵によっては、絵本を持つ腕を多少伸ばすのもOK

▼お父さんが読むときの距離は、社会との距離感を形成する種となる。相手や状況によって臨機応変に距離をとる感覚が芽生える

ときに一緒に寝ころびながら読もう

▼欧米では、お父さんが物語を読んで寝かせるのはごく普通。家の中で一番力のある人間が「いつもそばにいるよ」という安心感で、目をつぶったときの闇の恐怖を和らげ、お気に入りのストーリーのなかで、眠りの世界に入る

お母さんの場合

男の子なら、絵本のサイズによって見えやすいように距離をとろう。女の子なら、見えやすい位置まで動いてくれることが多いので、絵本を持つ腕の伸び縮みで、距離を調整してあげよう

▼お母さんからは、やさしさの伝わる距離、思いやりの伝わる距離をしっかり心に刻む節がある。そのため、作り手がその絵本に封じ込めた思いを読みとる読解力・推察力が伸びる

ときにテレビをきって、テレビを背に読もう

▼いつも見ているテレビまでの距離を、絵本におきかえることで、お母さんが読むというライブ感が部屋を包み、ナマの臨場感・緊張感などを大事にする感覚がさびない

【親子で読あそび　心得その7】

✤絵本のリズムとテンポに身をまかそう▼

絵本には、その作品を創りあげた著者のリズムとテンポが必ず宿っているため、それらに身をまかせれば、多少読み間違えたり、つまったりしても、ストーリーの世界にどっぷりつかったまま、聞きつづけようとする

お父さんの場合

リズム3部から4部、テンポ6部から7部くらいで、その絵本のテンポに気持ちをゆだねよう

▼お父さんは元々テンポで生きていることが多いため、その絵本に宿るテンポで読む方が読みやすく、わが子にも伝わりやすい

なれてきたら、お父さんのリズムとテンポでドンドンアレンジしよう

▼それまでのテンポと違うだけで、子どもの心が刺激され、開放感に似た新しい感覚が芽生える

お母さんの場合

リズム6部から8部、テンポ2部から4部くらいで、その絵本のリズムに気持ちを合わせよう

▼お母さんは元々リズムで生きていることが多いため、その絵本に宿るリズムに合わせて読む方が読みやすく、わが子にも伝わりやすい

なれてきたら、お母さんのリズムとテンポで、身ぶり手ぶりを入れてみよう

▼同じ絵本でも、それまでの雰囲気と違った感じで読めば、思わぬ驚きとなって、創造力が刺激され、情緒にも幅が生まれる。チャレンジ精神が芽生えるキッカケになることも多い

Ⅱ【パパ・ママ別】おすすめの絵本39冊 その1

お父さんが読んであげたい絵本

『うさぎのおいしい食べ方』
きむらゆういち作 山下ケンジ絵 講談社
ISBN978-4062118439
Book-Size:Hand ¥1,050

『くろずみ小太郎旅日記』
飯野和好・著 クレヨンハウス 全6巻
ISBN978-4861010903（第1巻）
Book-Size:Body ¥1,260

『地獄』
宮次男・監修 風濤社
ISBN978-4892192333
Book-Size:Body ¥998

『風来坊危機一髪』
川端誠・著 ブックローン出版
ISBN978-4892386374
Book-Size:Body ¥1,470

『れいぞうこのなつやすみ』
村上しいこ作 長谷川義史・絵
PHP研究所 ISBN978-4569686035
Book-Size:Body ¥998

『うんちっち』
ステファニー・ブレイク著 ふしみみさを訳
PHP研究所 ISBN978-4569685281
Book-Size:Body ¥1,260

『日本の神話』
舟崎克彦・作 赤羽末吉・絵 あかね書房 全6巻
ISBN978-4251008213（第1巻）
Book-Size:Body ¥2,100

『ダットさん』
こもりまこと著 教育画劇
ISBN978-4774610641
Book-Size:Body ¥1,050

『おとうさんのて』
なかがわこずえ著 石川県子育てにやさしい企業推進協議会 ISBN978-4833014724
Book-Size:Hand ¥1,500

『きょうというひ』
荒井良二・著　BL出版
ISBN978-4776401537
Book-Size:Hand　¥1,365

『おさるになるひ』いとうひろし著
講談社『おさるシリーズ』全11巻の中から
ISBN978-4061978362
Book-Size:Body　¥1,155

『おとうさん』そうまこうへい著　フレーベル館『ぶんぺいのえほんシリーズ』全6巻の中から　ISBN978-4577017883
Book-Size:Hand　¥872

『モンスターのなみだ』
おぼまこと著　教育画劇
ISBN978-4876920440
Book-Size:Body　¥1,260

『どうぶつ友情辞典』
あべ弘士・著　クレヨンハウス
ISBN978-4861010422
Book-Size:Hand　¥1,680

『おとうさんびっくり』
広瀬克也・著　絵本館
ISBN978-4871101165
Book-Size:Body　¥1,365

『てんごくのおとうちゃん』
長谷川義史・著　講談社
ISBN978-4061323872
Book-Size:Body　¥1,575

『オレ・ダレ』
越野民雄・文　高畠純・絵　講談社
ISBN978-4061322660
Book-Size:Body　¥1,680

『ねずみくんのきもち』
なかえよしを作　上野紀子・絵　ポプラ社
ISBN978-4591097328
Book-Size:Hand　¥950

Ⅱ【パパ・ママ別】おすすめの絵本 39 冊 その 2

お母さんが読んであげたい絵本

『そらの たべかた おしえましょう』
はたよしこ著　鈴木出版
ISBN978-4790260394
Book-Size:Body　¥1,155

『うえへまいりまぁす』
長谷川義史・著　PHP研究所
ISBN978-4569683690
Book-Size:Body　¥1,155

『ふうせんくまくん』
あきやまただし著　金の星社
ISBN978-4323033440
Book-Size:Body　¥1,260

『百年たってわらった木』
中野美咲・文　おぼまこと・絵　くもん出版
ISBN978-4774307244
Book-Size:Body　¥1,260

『ぐっすりおやすみ、ちいくまくん』
マーティン・ワッデル文 バーバラ・ファース絵
角野栄子・訳 評論社 ISBN978-4566008090
Book-Size:Body　¥1,365

『おばあちゃんがちいさかったころ』
ジル・ペイトン・ウォルシュ文　スティーブン・ランバート絵　まつかわまゆみ訳　評論社
ISBN978-4566007871
Book-Size:Body　¥1,365

『あなたをずっとずっとあいしてる』
宮西達也・著　ポプラ社
ISBN978-4591089842
Book-Size:Body　¥1,260

『メリークリスマス おおかみさん』
みやにしたつや著　女子パウロ会
ISBN978-4789605205
Book-Size:Body　¥1,050

『アイスクリームとけちゃった』
赤川明・著　ポプラ社
ISBN978-4591082447
Book-Size:Body　¥1,260

『パパはウルトラセブン　ママだってウルトラセブン』みやにしたつや著
学研　ISBN978-4052013560
Book-Size:Body　¥1,260

『まめうしのおかあさん』
あきやまただし著　PHP研究所
ISBN978-4569682815
Book-Size:Body　¥1,155

『かあちゃんかいじゅう』
内田麟太郎・作　長谷川義史・絵
ひかりのくに　ISBN978-4564018046
Book-Size:Body　¥1,260

『あげたおはなし』
中山千夏・文　安西水丸・絵
自由国民社　ISBN978-4426875077
Book-Size:Body　¥1,575

『へんなの』
中山千夏・文　山下勇三・絵
自由国民社　ISBN978-4426875053
Book-Size:Body　¥1,575

『いきてる』
中山千夏・文　ささめやゆき・絵
自由国民社　ISBN978-4426875046
Book-Size:Body　¥1,575

『おかあさんになるって どんなこと』
内田麟太郎・文　中村悦子・絵
PHP研究所　ISBN978-4569684703
Book-Size:Body　¥1,260

『こびとづかん』
なばたとしたか著　長崎出版
ISBN978-4860951085
Book-Size:Body　¥1,575

『つみきのいえ』
平田研也・文　加藤久仁生・絵　白泉社
ISBN978-4592761310
Book-Size:Body　¥1,470

『たこやきかぞく』
にしもとやすこ・著　講談社
ISBN978-4061323735
Book-Size:Body　¥1,470

『はなやのおばさん』
ねじめ正一・文　大島妙子・絵　童心社
ISBN978-4494007974
Book-Size:Body　¥1,365

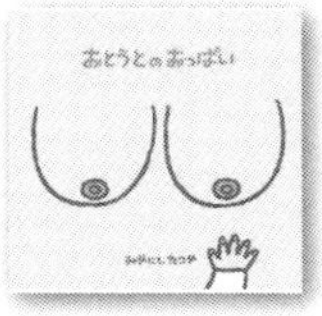

『おとうとのおっぱい』
みやにしたつや著　教育画劇
ISBN978-4774610788
Book-Size:Hand　¥893

Ⅲ　ブックドクターは『心の窓』から

ぼくはブックドクターである。
絵本のことを何でも知っている絵本博士ではない。
まだ、読んでいない絵本はたくさんあるし、知らん絵本なんか山ほどある。
じゃ、「ブックドクターって、何やねん」って、正確に説くと、
主に絵本という書物を介して、
悩みに対して「反作用となる」慰めを見つけたり、
辛さに対して、「本人の気づかぬ」甘さを見つけたり、
壁に対して、「本人が見えていない」核心にせまったり、
理不尽なこと、道理が合わないことに対して、本人が「見失ってはいけない」あたり前のことや筋を見つけたり、
表に対して裏もまた真なりやったり、
明るさに対して暗さが活きてたり、
陽に対して陰が必ず必要やったり、
完全・完璧に対して矛盾が必要やったり、
ぬくもりに対してヌルサが必要やったり、
あったかさに対してつめたさがかくれていたり、
晴れに対して乾き、と、雨に対してしめり、
くもりに対して澄むことやったり、
重さに対して軽さ、
清さに対してにごり、
たてに対してよこ、
わざわい（災・福）に対して一つの吉と一つの幸やったり、
鋭さに対して鈍さやったり、
知識に対して無知、
愚かさに対して賢さ、
まっすぐに対して、まがり、
短さに対して、長さ、
整（ととの）うに対して調（ととの）う、
怒りに対して、許し、
許せないことに対して、認めることの解放、
剛に対して柔、
智慧に対して工夫、
叡智に対して勘、
感性に対して本能、
優に対して劣、
線に対して点、
動に対して静、
水に対して火、
未熟に対して熟練、
色に対して空、
失敗に対して希望、
挫折に対して夢、
グチに対してユーモア、
うらみに対して感謝、
頑固さに対して素直さ、
生身に対して先祖、
卑怯に対して浪漫、
波に対して凪、
けなしに対して誉め、

音に対して味、
外に対して内、
張りに対して緩み、
マジに対して遊び、
生流に対して、知流。

以上、基本となる四十八手に、他六十法を摂受（しょうじゅ）し、人の心がもつ本（もと）から末（まつ）に至る、さまざまな「人生の渠（みぞ）」に対して、絵本や物語を和し、つまり処方箋として活用運用できる、昔でいう偉匠夫（いしょうふ）のことをいう。

この国にカウンセリングが入ってくる千二百年も前から、帝（みかど）につかえた陰陽師（おんみょうじ）が、帝が人としての渠（みぞ）にはまるたびに、竹巻や絵巻を用いて気術で調和し、心の処方箋として、帝の心の快調を常に図ってたんよね。

ぼくは、こういう感じのことを、今のニーズに調和して、『心の窓』というもんでやってるわけ。

ブックドクターの仕事とは、人が悩みをかかえはじめたとき、または、迷っている初期の段階で、心が快調へと向かう手助けをするようなもんやね。

それは、カウンセリングともちがうわけ。カウンセリングなら、クライアントは患者っていう意味に近いけど、『心の窓』にきてくれる人たちは、悩める小羊（こひつじ）さんみたいなもんやから、患者ではないよね。『心の窓』では、そういう人たちに、「いっぺんやってみようかなぁ」って気になってもらう、つまり、試（こころ）みてもらう人になってもらいたいという願いをこめて、「トライヤー」（試みる人）と呼ばせてもらってる。

２００８年の干支始まりのねずみ年から完全予約制で始めたんやけど、ほんまに人の悩む本（もと）の大小や、色の多さに、ビックリするばっかりや。

「心の窓」は、カウンセリングとちがい、人がいっぱいいる所、たとえば喫茶店とかファミレスとかに、トライヤーの人に来てもらう。そのとき、自分の心に残っている絵本を一冊と筆記用具を持ってきてもらって、だいたい一時間かけてマンツーマンで向かい合う。

持ってきてもらった絵本の中に、その人の悩みが薄まる本（もと）がある場合が多い。

ページを開いて「ここに花が咲いてるけど、気がついてますか?」ってたずねると、たいてい、気がついてるようで、気がついてへんから、プチサプライズがおこる。

このプチサプライズは、悩みに波風を立てる効果がある。

悩みっちゅうもんは、そういうふうに、わかっているようでわかっていなかったとハッキリ気がつく風（かぜ）に、弱いのよねぇ。この風が心のなかに吹けば、あとは背中を押してもらって快調というゴールへ向かうだけ。

ファミレスから帰るころには、みなさん、会ったときとは、くらべものにならんぐらい晴れやかな顔してるわぁ。瞳はキラキラして、目に力があるもん。

以上が、ブックドクターの本業として、こっそりやってる『心の窓』です。

この本を読んでくれてるみなさんには「へぇー、そんなことやってんのや」って、ちょっと知ってもらえるだけでいいです。

くれぐれも、ええこと知った、今度悩んだときには、すぐあきちゃんにやってもらおやって安易に思わないように。

たった一度の人生、いくつかの悩みをかかえたり、辛さを味わったりするから、たまにくる楽しさがたまらんかったり、腹の底から大笑いできる。そうして、人生は豊かになっていくんやから。

親が願うんは、やっぱ自分のことより、わが子の幸せですやん。

まして、親なら、自分の人生の悩みはもちろん、わが子の悩みもかかえてあげるぐらいでないと、子どもがついてきてくれまへんでぇ。

その心内をいつも胸に秘めてこそ、子々孫々、明るく健康に、因果が働くってもんでっせ（笑）。

親の背中姿は、のちにわが子に破顔一笑を生む――。

Ⅳ 心の栄養となる絵本 39 冊

NO
IMAGE

『富士山にのぼる』
福音館のかがくのほん
菅原久夫・作　岡部一彦・絵　福音館書店
ISBN978-4834002751
Book-Size:Body　¥1,050
※図書館に親子で出かけて探してほしい

『バオバブのきのうえで』
アフリカ・マリの昔話
ジェリ・ババ・シソコ語り　ラミン・ドロ絵
みやこ・みな再話　福音館書店
ISBN978-4834021219
Book-Size:Body　¥840

『えんまとおっかさん』
内田麟太郎・作　山本孝・絵　岩崎書店
ISBN978-4265069590
Book-Size:Body　¥1,260

『ねぇねぇ』
内田麟太郎・作　長谷川義史・絵
鈴木出版　ISBN978-4790251200
Book-Size:Body　¥1,260

『どろんこどろちゃん』
いとうひろし著　ポプラ社
ISBN978-4591077696
Book-Size:Body　¥998

『そばやのまねきねこ』
村田エミコ・著　岩崎書店
ISBN978-4265034888
Book-Size:Body　¥1,260

『10にんのきこり』
A.ラマチャンドラン・著　田島伸二・訳
講談社　ISBN978-4061323612
Book-Size:Body　¥1,575

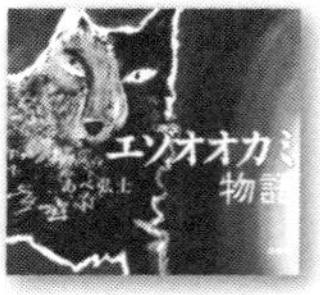

『エゾオオカミ物語』
あべ弘士・著　講談社
ISBN978-4061323865
Book-Size:Body　¥1,575

『きはなんにもいわないの』
片山健・著　学研
ISBN978-4052024214
Book-Size:Body　¥1,260

『おやすみ、ぼく』アンドリュー・ダッド文
エマ・クエイ絵　落合恵子・訳
クレヨンハウス ISBN978-4861011481
Book-Size:Body　¥1,575

『えほんのこども』
荒井良二・著　講談社
ISBN978-4061323858
Book-Size:Body　¥1,575

『その気になった!』
五味太郎・著　絵本館
ISBN978-4871100694
Book-Size:Body　¥1,260

『おはなしのろうそく』
(全27巻)
大社玲子・挿絵　東京子ども図書館
Book-Size:Hand　各巻¥420

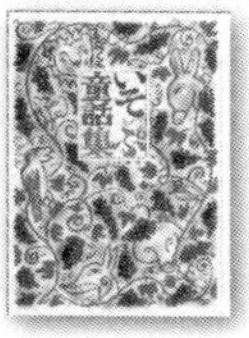

『いそっぷ童話集』
いわきたかし・文　ほてはまたかし・絵
童話屋　ISBN978-4887470453
Book-Size:Hand　¥1,313

『ゆらゆらばしのうえで』
きむらゆういち・文　はたこうしろう・絵
福音館書店　ISBN978-4834006391
Book-Size:Body　¥1,260

『あくま』
谷川俊太郎・詩　和田誠・絵　教育画劇
ISBN978-4774610689
Book-Size:Body　¥1,365

『黄泉(よみ)のくに』
谷真介・文　赤坂三好・絵　西本鶏介・監修
ポプラ社　ISBN978-4591078914
Book-Size:Body　¥1,260

『ぜっこう』
柴田愛子・文　伊藤秀男・絵　ポプラ社
ISBN978-4591073018
Book-Size:Body　¥1,260

『じがかけなかったライオンのおうさま』マルティン・バルトシャイト著
かのうのりたか・訳　フレーベル館
ISBN978-4577034873
Book-Size:Body　¥1,260

『ひとはみな、自由—世界人権宣言 地球上のすべてのひとのために』中川ひろたか訳
主婦の友社　ISBN978-4072615454
Book-Size:Body　¥2,625

『子どものすきな神さま』
新美南吉・作　渡辺洋二・絵　にっけん教育出版社　ISBN978-4434044243
Book-Size:Body　¥1,365

Ⅳ 心の栄養となる絵本 39 冊

その 2

『おさんぽトコちゃん トコトコトコ』
宮西達也・著 教育画劇
ISBN978-4774607290
Book-Size:Body ¥1,050

『じいじのさくら山』
松成真理子・著 白泉社
ISBN978-4592761051
Book-Size:Body ¥1,365

『あそぼう あそぼう おかあさん』
浜田桂子・著 福音館書店
ISBN978-4834019063
Book-Size:Body ¥880

『いまは話したくないの―親が離婚しようとするとき』ジニー・フランツ・ランソン作 キャサリン・クンツ・フィニー絵 上田勢子・訳 大月書店 ISBN978-4272406128
Book-Size:Body ¥1,680

『ぼくはからっぽパンツくん』
むらたよしこ著 教育画劇
ISBN978-4774610924
Book-Size:Hand ¥893

『おふろおばけ』
村田エミコ・著 大日本図書
ISBN978-4477019802
Book-Size:Body ¥1,470

『こびとのおくりもの』
上沢謙二・再話 荻太郎・絵
福音館書店 ISBN978-4834000726
Book-Size:Body ¥612

NO IMAGE

『祭の晩』
宮沢賢治・文 荻野宏幸・絵 福武書店
ISBN978-4828849669
Book-Size:Body ¥1,366
※図書館に親子で出かけて探してほしい

NO IMAGE

『若い木霊（コダマ）』
宮沢賢治・文 荻野宏幸・絵 福武書店
ISBN978-4828812465
Book-Size:Body ¥1,366
※図書館に親子で出かけて探してほしい

『かしこいじいさん』
※アルゼンチンの民話
ラウラ・バーレ文　アルフレッド・ベナヴィデス・ベドジャ絵　おおいしまりこ・訳
新世研　ISBN978-4880121383
Book-Size:Body　¥1,680

NO IMAGE

『びんぼう神とふくの神』
木暮正夫・文　梶山俊夫・絵
佼成出版社　ISBN978-4333015931
Book-Size:Body　¥1,223

『あくまのおよめさん』
ネパールの民話　稲村哲也、結城史隆・再話
イシュワリ・カルマチャリャ絵　福音館書店
ISBN978-4834014495
Book-Size:Body　¥840

『どろんこそうべえ』
たじまゆきひこ・著　童心社
ISBN978-4494012411
Book-Size:Body　¥1,575

『こぶたのぶうぶ　そらをとぶ』
あまんきみこ・作　武田美穂・絵
教育画劇　ISBN978-4774611006
Book-Size:Body　¥1,050

『とっこべ　とら子』
宮沢賢治・作　高橋伸樹・絵　農文協
ISBN978-4540082245
Book-Size:Body　¥1,470

『ちびくろ・さんぼ』
ヘレン・バンナーマン文　フランク・ドビアス絵　光吉夏弥・訳　瑞雲舎
ISBN978-4916016553
Book-Size:Body　¥1,050

『シナの五にんきょうだい』
クレール・H・ビショップ文　クルト・ヴィーゼ絵　かわもとさぶろう訳　瑞雲舎
ISBN978-4916016065
Book-Size:Body　¥1,325

『ストーブのふゆやすみ』
村上しいこ・作　長谷川義史・絵　PHP研究所　ISBN978-4569687513
Book-Size:Body　¥1,155
※同シリーズに『れいぞうこのなつやすみ』『ランドセルのはるやすみ』

あとがき

本書は、アールズ出版の長谷部聖司氏からの一本の電話をキッカケに出来上がった。「わが子に絵本を読んであげたいとき、何を読んであげたらいいのかまったくわからない日本中の親御さんのために、原稿を書いて下さい」と。

後日、いきつけの喫茶店で逢い、めちゃくちゃ感性をくすぐられて、「ほな、いっちょ書くかぁ」と調子にのってしまったのである。その後、再三にわたる傍若無人のわがままにも、タンポポの綿毛のような柔らかさで、淡々と原稿を吸いとっていった。

本書は、Q＆Aのフォームをとっているけれど、その答えはけっしてひとつではない。百万人の子どもがいれば、百万の個性がある。ひとつのクエスチョンには、百万の答えがあるといっても過言ではないのだ。そのため、いろんな個性の子どもたちに、さまざまな場面で臨機応変に対応していただくため、そのきっかけとなるアタリを感じてもらえるよう配慮したつもりである。

本書を読んで、「ほな、いっぺん試しに、うちの子どもにも、この絵本を読んであげようかな」と思ってもらえたなら、もうそれだけで、メチャクチャうれしい。

これ、ほんまに！

日本の家庭にはあたり前のように、電気、ガス、水道というライフラインが通っているけど、そこに絵本というライフラインもつけくわえてほしいなぁ。絵本（ものがたり）が家の中に流れるって、メッチャ夢あるやん。つまり、親も子も、夢の中で楽しく暮らしてるようなもんやもん。

ライフラインを口で説明するのは、とてもむずかしい。「電気って何ぃ？」、「ガスって何ぃ？」「水って何ぃ？」、そして「絵本って何ぃ？」と、ちっちゃい子にたずねられたとき、その子が納得するように答えられる大人が、どんだけいてんのやろ？　ねっ、むずかしいでしょ、口では……（笑）。せやけど、肌などの五感を通してライフラインに触れてみると、メッチャ分かりやすい。電気を手でさわる、ガスの臭いをかぐ、水をかけられる。すると、「ビリビリ」、「ツーン」、「ビタビタ」って、分かるもんね。

本書を刊行するにあたっては、そういう分かり方となるよう助言をくれた長谷部さん、また何よりステキな絵で本書を着飾ってくれた絵本作家の宮西達也先生に厚くお礼申しあげます。

みなさんのご家庭に、たくさんの笑顔の花が咲きますように……。

平成21年6月吉日

ブックドクター　あきひろ

著者略歴

あきひろ（ブックドクター）

本名、杉本昌弘（あきひろ）。1965年、三重県生まれ。

25歳のころより、絵本の世界にとびこむ。日本全国を北から南まで、保育園･幼稚園、小･中･高等学校、大学、図書館、企業研修会などで、絵本片手に、講演やイベントなどを行ない、一年のほとんどを、子どもたちや、保護者の方たちとすごす。

また、人々が抱くさまざまな心の悩みに対し、おもに絵本で処方する、日本初のブックドクター（絵本処方家）。干支はじまりのねずみ年である2008年1月、『心の窓』を開設し、日々、各地で、悩める方たちの心を処方している（完全予約制）。

著書に『オーッス！〜「読み聞かせ」から「読あそび」へ〜』（大和出版）、原作絵本『ニャッピーのがまんできなかったひ』（もも・絵　鈴木出版）など。東京・中日新聞「生活欄」に、コラム『子育て相談「こたえて！ あきひろさん」』執筆中。

灰谷健次郎著『天の瞳』の主人公・倫太郎のモデル。
●ブログ『ブックドクターあきひろの鶴の眼』
http://1kaku1000kin777.blog22.fc2.com/

本文組版／字打屋
デザイン／㈱エム企画

ブックドクターあきひろの
絵本の力《ちから》がわが子を伸ばす！

2009年7月27日　初版第1刷発行

著　者　あきひろ

装　幀　宮西達也

発行者　森 弘毅

発行所　株式会社 アールズ出版
東京都文京区本郷1-33-6　ヘミニスⅡビル　〒113-0033
TEL 03-5805-1781　　FAX 03-5805-1780
http://www.rs-shuppan.co.jp

印刷･製本　中央精版印刷株式会社

ISBN978-4-86204-110-4　C0095